U0068084

暢談日本

汶莎、安塔、和葉、破風 合著

Family Sky 天空數位圖書出版

目錄 ➡ 汶莎

目錄 ➡ 安塔

銀白色的童話村落

文：汶莎

汶莎

　　受到朋友的邀請，便在銀白風雪之日前往岐阜縣大野郡的白川鄉，因大雪而使得前行之路阻礙難行，但卻澆熄不了友人的熱情，在突破重重關卡，映入眼簾的是一處寧靜的村落——合掌村。

　　對於自小在台灣成長的我而言，這裡的景色猶如置身在童話世界般，令人嘆為觀止。

　　回想起以前讀到的日本童話，無論是桃太郎、螃蟹與猴子、白鶴報恩，這些故事中出現的平民住家，真實的呈現在眼前。

　　看著用茅草蓋成的三角屋，在皚皚白雪的掩蓋下，窗戶仍透著微亮的燈火，十分浪漫。

　　下了車，一腳便陷入雪地，舉步維艱的我們，最先看到的便是白川八幡神社，斑駁的石鳥居在白雪的覆蓋下，更顯得歷史悠久。

　　漸漸，風雪已趨停緩。少了白雪的遮掩，更能清楚的看見村落的全貌。除了茅草屋頂，整棟由木造的屋子，留下了前人的智慧與高超的技術。但也非常怕火燭的侵襲，故在沿途皆可見消防栓等消防設備。

　　友人向村民打聽今晚有點燈活動，便建議我們留下來。原就無特別安排計畫的我們，也欣然接受這份邀請，在附近的溫泉旅館住下。

　　入夜後的村落，寂靜空曠的聲音，響得讓人發顫。但隨著燈光一盞盞的亮起時，浪漫的景色讓人忘卻這份恐懼，取而代之的是對芬蘭聖誕美景的聯想。

　　沒想到這世界竟還遺落這麼美麗的地方，奇幻的體驗至今仍讓我難以忘懷。

岳下風光湖上景

文：汶莎

汶莎

在 JR 列車的快馬加鞭下，我們走出了湯布院車站。迎面而來的是，湯布岳用一片翠綠，拉著頂上的藍天白雲，一同與我們大聲打招呼。

撲鼻而來的異國空氣，讓人有休假的心曠神怡感。走在湯布見通，看著許多伴手禮的商店，各種商品充滿了日式風味，即便是新潮點心，也被日式懷舊妝點的富有當地特色。

一路邊走邊買，不知不覺便晃到了金鱗湖附近的飯店，聽說這裡的溫泉也相當有名氣，於是便決定下塌一宿。

老闆娘說剛好現在正值秋季，湖畔的楓樹正紅，要我們一定得來金鱗湖欣賞此番美景。

循著老闆娘的推薦，我們一行人慢悠悠的步行在前往金鱗湖的路上，友人被一間貓咪咖啡廳所吸引，佇足在店外許久，欣賞著牆上各式貓咪圖樣，如果她是貓的話，現在的尾巴肯定翹得老高興了。

位在湯布岳山麓下的池子，又名『岳下池』的金鱗湖，在天光的照映下，湖水波光粼粼，橘紅的倒影在微風的吹拂下，發出沙沙的聲響，似乎在歡迎著遠方賓客的道來。

　　果如老闆娘所說，這裡的風景美到有如油畫一般，虛與實交錯的景色，讓人有如置身在仙境，陶醉不已。

　　聽一旁帶團導遊的介紹，清晨會有雲霧繚繞，更是清幻，可惜我不是個早起的人，無緣欣賞這不可思議的奇景。

　　經過短暫的散步後，便草草回到了旅館，望著窗外被山林圍繞的金鱗湖，剛剛的美景仍在我的腦中盤旋，我不自覺得漾起了微笑。

紫色浪漫的溫泉鄉

文：汶莎

汶莎

　　坐著特快來到神奈川縣的小田原市區，初夏的微風夾雜著些許鹹味，為我們捎來暑氣的問候。

　　喜愛日本的人總愛參觀它們的歷史古蹟，來到這裡的我們亦不例外，最具特色的小田原城，不僅是當地重要歷史建築，亦是道出了戰國時期難攻不落的英勇傳說。

　　除了古人的豐功偉業，當地特產可不能少了小田原魚板，由魚肉加工製成的 Q 彈魚板，味道香醇，口感紮實，唇齒留香的美味，讓人再三回味。

　　搭著指南上推薦的浪漫登山電車，沿途盛開的紫陽花，斑斕淡雅的色彩，猶如水彩意象，在細雨的拍打下，更具浪漫氣氛。

　　一球一球的，像似蒲公英般可愛。列車在花朵的簇擁下，慢慢駛進了我們今日晚下塌的地點—箱根。

　　在箱根山上感受到初夏的微涼，經過人潮滿滿的商店街，不由得內心感到些許無奈。畢竟是觀光勝地啊...

　　在旅館下放行李後做了簡單的梳洗，換上旅館提供的輕便浴衣，彷彿成了日本人，『啊哩嘎抖鉤雜意嘛思』、『思哩嘛扇』，不知不覺也掛在嘴邊，朗朗上口。天空為箱根美景披蓋了夜色，順手掛上美麗亮白的弦

月。一行人泡著溫泉欣賞的月色美景，在月光的照映下，大觀山的稜角，波光粼粼，遠方的富士山，寂靜肅穆。

隨著氤氳的蒸氣，煩惱煙消霧散。隨著溫熱的泉水，壓力舒緩釋放。

放鬆到忘了現實，甘願沉溺在這溫柔鄉中的我而言。極樂！

海上守護神

文：汶莎

汶莎

乘上白色遊船登上廣島市海外的小島——宮島。小小的一座島，約莫一千多人居住在此，信奉著三位女神，為日本三大絕景之一。

為了一窺世界遺產面容，我便在宮島找了一處幽靜的旅館歇息一晚，聽著老闆娘訴說著這裡的文化，聽著島民們對於這座島的尊崇，聽著嚴島神社莊嚴美麗的朱光，不禁讓我這旅人對於此地心生敬畏。

趁著潮汐尚未退去的這段時間，欣賞著沿途帶來秋意的楓樹，緩緩登上彌山山頂，望著風光明媚的瀨戶內海，令人心曠神怡。

回去的路上看到不少島上棲息的野生動物，尤鹿和猿猴居多，而鹿更是被當地的島民視為是神的使者，在神的使者的帶領下，我踏上已退潮的沙地。

向前望去便可見紅色的大鳥居，用自身的力量對抗自然的侵襲，屹立不搖的守護著佇立在海上的嚴島神社。

距今約有 1400 多年以上的歷史刻痕，保佑了出外人的「航海平安」，保佑了島上人的「祈運招財」。

趁著漲潮前回到島上，望著落下的夕陽和逐漸上漲的潮水，前往鳥居和神社的路漸漸地被淹沒。我想起了建社前的故事；從前，島民們認為宮島本身為神

明之御神體，破壞島嶼等同傷害神明，故將神社蓋在海上。

　　當夜幕低垂，暖燈點上了海畔，讓神社和鳥居的朱紅更顯得耀眼，一別晨光風貌，海面的倒影隨著燈光與微風起舞。

　　我想，興許是女神們在海面上歡欣鼓舞，歡迎著旅人們的到來。

最北的寒冷城市

文：汶莎

汶莎

　　早聽說北海道的雪景是第一名勝，但怕冷的我偏偏選了春末近夏的日子，坐了飛機前往遊覽。

　　雖說是春末近夏應不太寒冷，但我仍是低估了這寒雪城市，於是草草在附近的服飾店買了些禦寒衣物，在觀光指南的帶領下，開始了一個人的雪國之旅。

　　來到日本就一定會吃當地的特色拉麵，在拉麵橫町內，10-20 公尺的街道上，有著各式各樣的拉麵店，在直覺的引領下，選了一間看起來就很好吃的拉麵店。

　　濃醇的湯頭和有嚼勁的麵體，天衣無縫的搭配，讓嘴裡充滿了滋味，吃了口叉燒、吃了口蔥、吃了口魚板，多種層次的味道，融合了湯頭的鮮甜，更是極品。

　　在享受完美食的饗宴後，天色也開始矇矓了起來，想起藻岩山上的夜景是日本三大夜景之一，我便趕緊抄起腳步，往藻岩山的方向前去。

　　在搭上約 500 多公尺的山頂纜車，因夜色慢慢低垂，月亮和星星也漸漸升起，與我開心的打招呼。而隨著高度漸漸縮小的城市，也慢慢閃起了燈光。

　　在到達目的後，黑夜覆蓋了白日的美景，而城市的燈光則照亮了漆黑的夜幕。由上往下看去的景色，猶如光線編織而成的地毯，不同的燈光像似各種花樣，為這地毯點綴的熠熠生光。

　　沉醉在這片美景之中，感覺心情十分平靜，或許...決定一個人的旅行是對的，在無人認識的地方，陌生又新鮮的地方，洗滌著長年疲憊的身心。

歐式與日式的交融

文：汶莎

　　沿著小樽運河，河岸兩旁的繁華榮景，可見歷史留下的足跡。

　　缺少了純正日式風格，卻多了歐式建築風味，歐日融合的景點，是北海道觀光的名勝之一。

　　河岸邊的舊倉庫，隨著運河的沒落，漸漸被新潮的餐廳所取代。其周邊歷史性的歐風建築，則被活用於各式觀光產物，將小樽的特色完全展現。

　　而小樽運河旁的小樽藝術村，是我十分想去的地方，這裡有四棟美術館，裡頭展示了各種華麗的藝術風貌；像是花窗玻璃、國內外畫作、木雕...等。

　　可發覺日本人對於『美』有特別的執著，也因這份執著，才能讓我們見到如此療癒人心的人文產物。

　　由於小樽屬港口城市，固然這裡的海鮮更是美味至極，不僅新鮮，CP 值高，更是讓人垂涎三尺。

　　經過職人的巧手料理下，一道道美味佳肴呈現上桌，每個人顧不得餐桌禮儀，只想馬上大快朵頤。

　　吃飽喝足後，沿著小樽運河緩慢散步，在夜幕低垂時刻，運河上路燈的倒影，隨著波光跳著傳統舞蹈。

　　閉上眼聆聽，似乎還能聽見浪潮的聲音。

　　夜晚的寂靜，讓人忘卻了城市的喧囂，心靈隨著這份寧靜，緩速沉澱。

　　回程的路上聽見音樂盒堂傳來的叮噹聲響，不知不覺便被吸引了進去，看著琳瑯滿目的各式音樂盒，富有歐洲古典奢華氣息。

　　我順手挑了個喜歡的樂曲，將它置放在酒店窗戶旁，一邊聆聽著樂曲，一邊飲啜著啤酒，一邊望著遠處的小樽運河，閒情自在。

迷人的世界美景

文：汶莎

　　函館山夜景，是觀光客們口耳相傳的知名名勝景點，絢爛又美麗的景象令人驚艷。

　　我隨著一群遊客搭上了前往山頂的空中纜車，在纜車慢慢爬升的過程，每個人緊趴在窗前，就為一睹函館夜貌。

　　一到觀景台，人籠傾巢而出，可見此番美景多麼引人入勝。為避開人潮，我朝著反方向，先往特產商店及餐廳走去。一邊挑選欣賞著各種特產，一邊想著待會要吃點什麼填飽肚子。

　　待人潮漸漸往我這邊移動時，我本能的與他們錯開，四處張望了一下，便選了個好觀景的位置站去，從山頂俯瞰整個函館，海與陸的交錯，讓人感受到人類文明的偉大。

　　由於正值冬季，城市的燈光在白雪的映射下，更顯得光彩奪目。真不愧為世界三大夜景之一，壯麗的景象令人印象深刻。

　　看完夜景後，便搭著纜車原路返回。走在八幡坂的街道上，翠綠的行道綠在街燈的照映下，顯得有些詩意。

　　站在街口便能遠眺函館的海景，海水映著周邊城市的光輝，猶如光帶一般，將函館市圈了起來，猶如裙擺一般，將函館的美妝點的有聲有色。

　　此外，在回程的路上亦可看見許多歷史古蹟，像是元町教會群，極具異國風的教堂建築，可說是與日本文化格格不入，這樣的衝突美，彷彿踏進了另一個國度，感受不同的旅遊氛圍。

　　我隨手拿起相機，記錄下這不可思議的奇幻之旅。

球藻與原住民

文：汶莎

　　從國外線轉搭國內線的飛機，再坐著一個多小時的巴士，終於奔波到了有如神仙幻境般的阿寒湖。

　　看見一大片碧綠湖水的我們，迫不及待的就想登湖欣賞。在等待了數分鐘，辦完了登船手續後，如願坐上了阿寒湖的觀光汽船。

　　湖畔邊翠綠的山林保有原始的樣貌，一旁的建築則試圖與這片原始山林共存，向左能眺望阿寒富士山，向右能眺望雌阿寒岳，壯麗的美景，不斷激起我們的腎上線素，一路雀躍不已。

　　待下了觀光船後，我們終於要來一窺球藻的生態樣貌。在 CHURUI 島中央的球藻展示觀察中心，每個水族箱都放著各式各樣不同形態的球藻，有大有小，有像絲絨也有像塊狀的，非常特別。

　　接著我們來到了阿伊奴村，原木、木雕是我們對這裡的第一印象，處處可見隨著觀光的興起，而消磨了原始的銳利。

　　入口處的貓頭鷹是阿伊奴人的守護神，阿伊奴人都信奉與感謝著守護神，因此這裡隨處可見許多貓頭鷹的雕刻品。這對喜愛貓頭鷹的友人來說，簡直就像是個天堂。

　　園區內的各個展示館，充分的說明了阿伊奴人的歷史、文化與生活，讓我們對於這一無所知的民族，有了新的認識。

　　在店員的介紹下，得知運氣好的話，還能欣賞到愛奴民族的舞蹈、歌曲和傳統樂器。可惜我們無緣欣賞到，但卻也成為了我們未來 30 周年的旅遊目標。

　　希望我們的友情能夠長長久久，就像球藻一樣。

兔之島

文：汶莎

保有原始自然風貌的島嶼，是我生活的地方。

聞著海風的鹽味，躺在樹蔭下乘涼，是我最喜歡的事。

這裡有船會定期載著人類過來，只要聽到沙沙沙的聲音，就知道有食物來了，我便和一群兄弟姐妹上前圍去，將人類團團圍住，支起前腳向上討食著人類手上的東西。

有時候是高麗菜、有時候是小黃瓜，有時候是新鮮牧草、有時候是香香飼料。吃完後便在路邊躺下，任由人類撫摸我柔軟的皮毛。

人類手指的按摩，真的好舒服。在這荒島上，沒有什麼比得上它。

看著遠方的建築，那是我們不能靠近的危險地方。從爺爺的爺爺的爺爺的口中，千叮嚀萬囑咐的，慢慢一代傳一代，說著那個地方的恐怖故事。

從前從前...那裡曾經在製造很危險的東西，一些戴著面具的人類，抓著兔子做著實驗，那時處處都充滿了兔子的慘叫聲，以及恐懼的心跳聲。後來戰爭結束了，實驗也結束了，後來這裡變成了人類的休閒渡假村，引進了 8 隻兔子入島，而他們就是我們的祖先。

　　由於這裡的天氣溫暖，也沒有老鷹、狗狗、貓咪等可怕的動物，所以祖先們很努力的增產報國，才有現在的我們。

　　人類說現在島上有 1000 多隻的兔子，原來我的親戚朋友這麼多，真希望這樣悠閒快樂的日子能夠一直下去，聽人類說這座島叫大久野島，也是我們的家。

狡猾的可愛傢伙

文：汶莎

汶莎

歷經了交通不便的困難，終於來到了藏王狐狸村，村子裡住滿了上百隻的狐狸，雖然可愛，但隨處可見的警告標語，工作人員的舉牌宣導，都在在的提醒著遊客們，不要被他們可愛的外表所欺騙。

在日本狐狸除了被奉為神仙靈獸之外，狐狸狡猾的個性也是讓人覺得氣惱。他會趁你不注意的時候偷咬一口，他會趁你蹲下來的時候偷撞一下，所以在觀賞拍照的同時，也要提防著突如其來的惡作劇。

在村子裡散步的同時，狐狸們怡然自得，或坐或臥、或走或跑、或蹬或跳，各種姿態都讓人不自覺得按下快門，將牠們可愛的樣貌記錄下來。

在過程中，園區的工作人員不斷提醒著大家，別因為太可愛而太靠近牠們，不然一不小心就會被攻擊。雖然是人工飼養，但仍帶有野性。

走著走著來到了一處高台，手上捧著不知何時買的飼料，開始了我的處女餵食秀。

由上往下俯瞰一群狐狸，每隻狐狸都伸長了脖子，等待著我的投食。讓我想起了公園餵養鯉魚的情景，食物一丟下去，一群狐狸便圍了上去搶食，搶輸了還會被其他狐狸兇，真可憐。

最後看了看時間，決定來去體驗一下抱狐狸，在工作人員的指引下，雙手抱著毛絨絨的狐狸合影留念，有點像是到此一遊的感覺。

結束了狐狸村的行程，仍充滿了不捨，卻讓我興起了再訪的衝動。

原始森林之旅

文：汶莎

　　久聞宮古島擁有神秘的原生林，想必充滿了許多奇幻元素，吸引著我的好奇心。

　　搭著飛機坐著船終於抵達目的地，據導遊說這裡為日本的第七大島，島上部分景點被登錄為世界遺產，聽聞這些介紹，更加讓我迫不及待踏上山林探險之旅。

　　由於島上90%都是森林，觸眼所及皆是令人爽朗的綠色，也因極少人為破壞生態棲地，林間總是不時傳來鳥獸的歡迎聲。

　　踏上滿是青苔的繩紋杉步道，鐵道上仍遺留著歷史的痕跡，訴說著當時伐木運送的森活。

　　沿途的山林美景，讓我忘卻了腳上的疲累，突然的道訪，驚動了小鹿的好奇心，也讓我有機會一窺原始自然之美。

　　漸漸的隨著時間，身體感受到疲乏，在我決定稍做休息之餘，原來已到了知名的威爾遜樹樁，已成空心的內側可讓人自由進出，由下往上看，心型的破口像似象徵著過往，那至死不渝的愛戀。

　　待體力些許恢復後，我們繼續前行，在努力不懈的好奇心趨使下，我們到了這條步道的終點—繩文杉樹。高2.3公尺的樹約有7000年的歷史，像似陪伴著屋久島見證時光的洪流，記憶著島上的故事。

　　看著大杉樹壯麗的模樣，讓我不禁想起了宮崎駿的魔法公主，好似山神就住在其中，護祐著這片島嶼。

　　我拿起相機按下快門留影，決定將這份感動銘記在心，將這趟療癒旅程帶進心靈深處。

動漫砂之國

文：汶莎

　　咯！咯！咯！響徹雲霄的木屐聲，帶領我們來到水木茂老師的故鄉—鳥取縣。

　　水木茂老師最著名的著作便是伴我長大的鬼太郎，由於當地居民非常尊重水木茂老師，還給予了妖怪博士的稱號。

　　走在境港市區內，處處可見妖怪的雕像，還有一處仿照漫畫設置的妖怪神社，神社外的眼球老爹是遊客們必訪景點。

　　置身在妖怪村中，彷彿進入了水木茂的世界，一個人類與妖怪和平共處的世界。

　　坐著鬼太郎列車，我們來到的柯南的故鄉，也就是作者青山剛昌的故鄉。

　　從由良站出來後，處處可見柯南的蹤跡，走往青山剛昌故鄉館外，吸晴的金黃色金龜車，不就是阿笠博士的愛車嗎？

　　我們的心情隨著金龜車，一同前往了柯南的世界，裡頭除了漫畫手稿，還有漫畫裡出現過的道具；太陽能滑板、蝴蝶結變聲器、麻醉手錶，真實體驗犯罪現場解謎，化身柯南查出真正的兇手，令人不禁大喊：『真相只有一個！』

趁著太陽西下，我們前往了鳥取砂丘，一片荒蕪的沙漠景象，讓人誤以為來到了撒哈拉，不禁四處尋找駱駝的蹤跡。

砂丘的另一旁緊臨著日本海，登上砂丘後又是一番沙灘場景，坐在沙灘上看著夕陽沒入海面，海風吹散了肩上的髮絲，似乎宣告著今日的終末。

提著鞋子踏在回程的砂路上，腳印證明了我們的道訪，也為我們送上紀念。

ʃ

日本神話傳說之地

文：汶莎

汶莎

　　在宮崎縣與熊本縣交界處，天照大神指派其孫瓊瓊杵尊來統治人類世界，而高千穗峰則是當時瓊瓊杵尊降臨人世的地點，因此高千穗這個地方亦被稱為『天孫降臨之地』。

　　富有神話歷史色彩的地方，景觀也有如仙境一般，讓人嘆為觀止。

　　位在三田井地區的一個峽谷，更是許多觀光客必訪之地。從峽谷中流過的五瀨川，在透過峽谷射下的陽光下，照映地波光熠熠，再加上瀑布的水氣，營造出雲霧繚繞的感覺。

　　有如仙境般的場景，再乘上遊覽小船近距離觀賞，氣勢磅礡的飛瀑，鬼斧神工的峭壁，讓人大開眼界讚嘆大自然的天工巧手。

　　上岸後還能欣賞奉納神仙們的神事活動──夜神樂，講述著四個神話傳說，『手力雄之舞』、『鈿女之舞』、『戶取之舞』、『御神體之舞』，每個故事都包含著五穀豐登、夫婦圓滿、子授安產的願望。每位舞者都戴著各種不同的面具，手持神樂鈴、折扇、大麻等各式法器，非常具有日本文化特色。

　　到了這裡千萬別忘了要吃這裡最有名的黑毛牛，曾獲內閣總理大臣獎的牛肉，特別柔軟，入口即化，

當地將其做成可樂餅，是觀光客們最具人氣的品項之一。

另外再配上當地出產的白米，白花花的米粒經過高溫蒸熟後，散發出的香甜，入口的 Q 彈，讓人齒頰留香難以忘懷。

雖然千穗町地處偏遠，卻是一個散心抒壓的好去處，推薦大家一定要來此一遊。

廣島之戀

文：汶莎

　　說到廣島就想到莫文蔚和張洪量唱的『廣島之戀』，淒美的歌詞正是法國電影『Hiroshima mon amour』的最佳寫照。

　　但在我印象中的廣島，則是在二戰時與長崎一起被投下原子彈的地方。距今已有 76 年歷史，現今的廣島成為了不少背包客的旅遊勝地。

　　背起行囊獨自前往廣島的我，由於交通的便捷，讓我通行無阻。

　　為了見證被投下原子彈的歷史軌跡，我搭乘 JR 列車，在和平公園前站下車，走進公園內，處處可見紀念在原爆中喪生的死者所設的慰靈碑，以及，象徵反戰爭的和平之火、和平之鐘...等附屬設施，公園內充滿了肅穆的氣氛，讓我更深刻的感受到戰爭的可怕。

　　在往廣島市中心的元安川河畔走去的路上，遠遠便可看見殘破不堪的圓頂建築，那便是原子彈在這幢建築物上爆炸，在一片火光下，城市瞬間燃燒殆盡的證明。

　　從斷垣殘壁的空殼裡，就能讀取到當時的絕望與恐懼，也不禁感嘆著科技的進步雖然帶給了人們便利，亦帶來了破壞。

　　離開公園後，我搭乘巴士前往廣島城，日本的古城一直是我最喜歡去的地方，每個縣市的古城都有它獨特的造型，不變的是高聳雄偉的樣貌，登高後向外望去的城市景色盡收眼底，那種感動是我旅程中，最難以忘懷的。

　　廣島城亦不例外，選在傍晚時分進入古城，向外望去的點點燈光，美麗的讓我忘卻了時間，重生後的廣島真是個美麗的地方。

夢遊青森

文：汶莎

汶莎

　　下了青森機場，從未嘗試過異國自駕的我，鼓足了勇氣租了車，開始我的青森之旅。

　　跟臺灣不同位置的方向盤，一時還不習慣，開車總是小心翼翼，深怕一個不小心便出了意外。

　　隨著導航的指示，我來到了弘前公園，正臨秋風徐徐的季節，紅葉搖曳的沙沙聲很有詩的韻味。

　　看著綠意盎然的櫻花樹，想著春季再來拜訪，跟著當地人一同在櫻花樹下，賞花野餐，肯定別有一番滋味。

　　走出公園後，與之相鄰的是津輕藩睡魔村，進入館內便是約 10 公尺大的睡魔燈籠迎接著我，裡頭大大小小的燈籠數不勝數，伴隨著工作人員的解說，聆聽著笛子、太鼓的演奏，欣賞著津輕錦繪作家的畫作，彷彿是在參加祭典般，熱鬧非凡。

　　除了參觀以外，館內亦有 DIY 體驗，我秉著好奇心選了一個覺得代表青森的蘋果土鈴，在已燒製好的土鈴上用顏料畫上我的所見所聞，最後繫上繩帶。我決定將他掛在車子的後照鏡上，祈禱我這趟旅程，一路平安。

　　結束了睡魔村的參觀，繼續跟著導航來到了白神山地，聽名字就覺得似乎有山神居住在這裡。

　擁有世界最大欅木原生林的白神山地，為日本的自然世界遺產，走在木棧道上，看著被綠意包圍的青池，平靜的水面撫平了我內心的漣漪，世界彷彿安靜下來。

　此時一道瀑布聲將我吸引過去，垂流而下的白瀑洗滌了我的糾結，我懷抱著淨化的心，為今日的旅行畫下完美的句點。

藍天

文：安塔

　　在大阪工作的你說，這裡的上班族穿得很正式，晚上還時常看見有人喝酒下班去應酬。這是我在電視上又或是在電影院看過的，在你跟我說完以後，像是多了一種證明，證明了這一切都是真實的，但事實還是少了一點什麼吧，可能是我還沒親自看過。

　　時常看見他們喝醉的樣子，已經習慣了，你說。那會有女生嗎？我這麼問，你說會。雖然習慣看著他們應酬完的樣子，但我是不喜歡這樣的工作模式，你在電話裡跟我這麼說。

　　當一個高壓的地方，就會少了更多的自由，這些壓力的產生，會是在生活上有一些目標必須達到的原因，如果沒有達到的話，對自我要求高的人來說，就會更辛苦一些了，但也是有些人，知道怎麼掌握好這些壓力的來源，我們多麼想，把它變成是一種習慣，那就不會產生太大的壓力。

　　即使這個地方有你不喜歡的，你還是有跟我說，你也會想要移民到日本，不確定這會不會是你一時的衝動，但矛盾的是，你喜歡日本這座城市的感覺，卻不太能接受日本文化的某些習慣，甚至你會想著帶家人一起移民過去，不知道多年以後，你是否還會這樣

想著，不管未來是怎麼樣的，我們擁有選擇權，至少是快樂的一件事。

你也說到，喜歡的原因，你覺得這座城市很美很乾淨，當你在河川散步的時候，抬頭一望，你看到的天空好藍好漂亮，這會讓我疑惑的是，台灣的天空也是有藍天的，不是嗎，你說的是，不一樣的藍天，等你到了日本，你就會知道了。

粥

文：安塔

安塔

　　他們是住在日本的台灣人，因為早早移民的關係，生活上許多方式跟真正的日本人有著相似的習慣，而跟台灣人也有了很不同的差異，說起來，日本嚴謹的程度，讓你不是很習慣。

　　我猜能感受到你的壓力，假使我不是在那裡，但我能從電話中聽到你的口氣，可能還有許多事，你盡可能沒有透露的，關於那些瑣碎事，也許你不覺得那是有多重要的事情，就好像如果說出來可以解決的事情，再說出來，可是如果不能解決的事情，多說也無益。

　　他們在細節上一點都不能馬虎，不能有這樣就差不多的心態，還有著很多的雜事，可能一下子就要馬上記得，不能忘記，在處理食物的過程，我想是一件可以好好享受的事，但每個人的標準不同，不見得每個人都有同樣的步調，就像是雙胞胎，講出來的每一個字每句話，也都是不同的。

　　這樣緊張的氛圍裡，真難想像你是怎麼度過的，況且當時又是在冬天·冬天真是另一個想冬眠的季節，你也說過，你在那邊很冷，但你覺得比起來，日本是乾冷，好像是台灣的溼冷更冷一些。

　　還好你住在老闆家時，還有一位可愛的奶奶，他就跟我們的奶奶一樣，會用大同電鍋煮粥給你吃，這位可愛的奶奶，他還有跟你說，台灣的大同電鍋真是方便，這可能是你當時覺得最療癒的事了。

　　在困苦的時候，還有一些值得使自己開心的事，是幸福的，假使生活有一點點的不如你所想像的，那就好好珍惜現在吧，不知道哪一天當生活如你想像的時候，可能會懷念起那段刻苦的日子。

三人

文：安塔

　　感覺你會喜歡日本，到目前為止，我聽過三個人跟我這麼說，我有點疑惑。疑惑的是，為什麼他們都會這麼說呢，假設我會不喜歡呢，我跟他們所描述的，我心中喜歡的城市，有小巷子的地方，馬路不要太大，小小的馬路，小小的店家，會讓我覺得充滿了溫馨感。

　　這三個人他們都曾經去過日本，雖然我不打算是否要相信，我是否會喜歡上日本這件事，因為即使知道了，卻還無法擁有，那也算是一件痛苦的事了。他們分別是去工作的，也有去旅行的，我也不能說是不喜歡日本，只是沒有一個特別喜歡的原因而已。

　　我也很難從他人的描述裡，找到喜歡的原因，只是說可以多了一些線索，來更瞭解這個地方，可惜的是，因為每個人描述的都不同，目前還沒有人描述的會讓我喜歡上這個城市，如果可以只依靠單方面的描述，就能讓我喜歡的話，也真是不太容易的一件事。

　　有一個共同的地方是，他們都說在日本吃飯比較不方便，沒有台灣有那麼多小吃，每間店家的價位也都比較高，選擇的話，也是比較少一些，從這一件事來說，可以知道這件事的變動不太大，也就是說，這是一件準確度更高的證明。

　　這不能說是一件壞事也不能說是一件好事，每個國家的食物每來就不同的，對於如果平常就喜歡下廚的人來說，也是沒有太大的差別的，反正，無論有怎麼樣的差異，還是得依賴人類的雙手與腦袋去做點變化的。

微酸的檸檬水

文：安塔

　　「壓力蠻大的。」你說。在你大學畢業的那年，你自己獨自去了日本四個月，這是你第一次出國，不知道搭上飛機的你是什麼樣的心情，我想你應該是帶著興奮又有點緊張的心情吧。

　　不知道是哪一天了，但那天晚上，是我還在高雄的時候，我打了電話給你，聽到你的聲音，聽起來似乎有些疲憊，我慢慢知道了是什麼原因，對於日本人的做事態度，在我的記憶裡，是非常有要求的，這也難怪了，你說的就是這麼一回事。

　　你工作的老闆，它的態度是嚴格的，似乎就像是任何一點錯誤，都不能犯錯的感覺，不允許員工犯錯，聽起來就會讓人備感壓力，特別的是，你後來告訴我，原來的你老闆會這樣要求你，也是因為他覺得你是可以被要求的，而矛盾的是，你心裡想的並不是這樣的，你也會希望彼此都可以好好的溝通。

　　不管工作的事情是如何，還好還能夠有些時間好好的在日本的其他地方走走，你去過的那些地方，就像是一個奇幻的世界，我感覺你新奇的在摸索著，這也許也像是剛出生的嬰兒，剛來到這個世界的時候，一邊摸索一邊成長，希望可以找到一條自己喜歡的路，然後穩穩地走著。

在電話裡聽你訴說你在日本看到的景色，也能讓我大概想像，在還沒去到日本之前，也許是那樣或那樣吧，想像起來雖然還是蠻模糊的，不過這種模糊，隱藏著一點神秘感，就像微酸的檸檬水，不想被看透一樣，可能也會有一點像你，不想對他人透露你過多的事。

捂著嘴巴

文：安塔

安塔

　　你說你會看見他們講話會用手摀著嘴巴，就像深怕講得太大聲，怕被別人聽見，或者是說怕會引起別人的注意，不知道為什麼，這樣看來卻有一種拘束感，甚至我想到的，也許什麼都不是，只是一種習慣。

　　這些小地方讓人發現日本人可愛的地方，而當然他們可能不覺得這是一件可愛的事，隨著歷史文化背景一直變化，每個國家的生活習慣也漸漸的不一樣。

　　可是倒退到很久很久以前，人類可能又是一個沒有差別的動物，沒有其他差異的生活著，就像完全沒有任何一點點的不一樣，沒有區隔的，也能不分種族的。

　　這些後來的歷史背景隨著人類的認知，每天一點一點的變化，然而，變化到後來有了差異，會覺得其他國家的人是怎麼樣的在生活，用了他們喜歡且習慣的方式在生活。

　　追朔以前又有什麼差別呢？人類認知上的差異才是差異，我們都在生活上找一個方式，找到一個屬於自己舒適的方式在生活，然而，似乎沒有人想要被打擾，也沒有人想要輕易被改變。

　　有時候改變的不僅僅是自己一直以來習慣的事，改變了認知上的差異，也會讓人恍然大悟，明白原來還有這樣的事之類的，發現自己不知道的事，確實是讓人驚訝的，但也不一定是能人每個人接受的。

　　而這些事實上的真正意思，也沒有誰對誰錯，往往可能是單方面的認知而已，我們迫切期待有變化，卻不一定能夠接受真正的變化。

章魚燒

文：安塔

「日本的章魚燒我覺得不好吃，台灣的比較好吃。」

「吃起來感覺怎麼樣？」

「我以為會變好吃的。」

你說軟軟的，沒有像台灣的皮外面會比較脆，就是外脆內軟。不知道是不是因為我們吃習慣了台灣的章魚燒，或許一開始，我們吃的是軟軟的章魚燒，喜歡的也可能變得不同。

將我們原本的習慣，帶到另一個城市，然後變得不習慣另外一個城市，或者是說，是我們的挑剔，改變了這個城市。

從來我們都不知道我們剛到一個新的地方，會不會喜歡，從環境或是食物，跟人的互動上，這些等等的，都能成為我們會不會喜歡上這個城市的理由。

飲食上的差異就能把區隔變大了，好吃與不好吃之間，一下子就產生了縫隙，人可以有選擇的選擇自己想要的，卻不一定會常常選擇正確。

所以成為了地圖上迷路的人，也是一件正常的事了，誰都有可能會在地圖上迷路，並不是因為看不懂地圖，可能只是因為看不懂日文或是不懂自己想要去的地方在哪裡。

　　一旦迷路了，也難以找到自己嗎？除非再吃一次章魚燒吧，思考一下為什麼自己會喜歡與不喜歡，或許不是因為這樣的關係，可以從另一邊發現，其實軟軟的章魚燒也很好吃的。

　　沒有人會把習慣放在嘴邊說，卻會說是喜歡或不喜歡，來認定自己想要的什麼，卻忘了自己只是從來沒有做過改變而已，從來也不是自己不夠優秀，只是忘了在地圖上找到自己真正想要去的地方。

透露

文：安塔

「我在拍照的時候，剛好有一個路人，騎腳踏車經過。」

「他快速的將手抬起。」

「然後遮住了自己的臉。」

原來他們是如此重視自己的隱私嗎？一點點也不能透露自己的樣貌。不想讓別人知道自己是誰，就像待在世界的某個地方，為什麼一定要讓別人知道自己的存在。

完全知道自己的狀態，也想只讓自己知道，並非所有人都要清楚自己的面貌，完美的自己或是不完美的自己，也是僅限於自己知道，在太發達的時代裡，變成需要時時隱藏在鏡頭後的自己。

也許不一定可以清楚地知道，或是不一定清楚的明白，這個時代會怎麼樣的變化在變化，但我們多想永遠藏匿，不被發現，那個永遠驕傲的自己，永遠是勇敢的。

被人清楚地看見自己的樣貌，卻不能被人看見自己的優點跟缺點，而人的優點跟缺點又不是會那麼顯然地被發現，除非因為某件事，我們都可能發現對方是善良或是不善良的。

　　真正的樣貌，既然誰也沒辦法清楚的知道，就不需要在透露自己，真正的自己，也只有自己知道，知道自己的模樣就好了。

　　難以察覺的是自己的小毛病，那是自己不想承認的小毛病，而且也不覺得有什麼問題，所以會變得難以察覺，甚至是不想發現它的存在，就變成是無視它。

　　無視它看起來是沒什麼問題的，只是可能會一直沒有被真正的處理，沒有被拿起來檢視的時候，它就有可能會一直存在，到最後會發現有人會來告訴你這一件事。

嘉義

文：安塔

安塔

　　看了電影 KANO，講述一位棒球教練帶領棒球隊的故事，而故事背景是在嘉義，所以看到電影場景時，一瞬間想起嘉義的街道，知道有很多相似的地方，而嘉義的氛圍讓我想像也許日本就是這樣的感覺吧。

　　這位教練這麼嚴肅，可是又有魅力的樣子，是很難讓人輕易靠近的，但卻會讓人好奇著，究竟這樣的人，都是用什麼方式在生活呢？有時候迷人的東西，可能是常常讓人搞不懂的。

　　他是不多話的，但不是不說話的，而是每一句話每一個字，都如同打雷般，會讓人難以不注視他說的話，而其費解的是，並不是每一個字每句話都那麼好理解。

　　我想現實中也是有這樣個性的人吧，讓人想到的是，真實世界裡，這樣的方式跟身邊的人會不會有嚴重的代溝呢。

　　看著這樣的執著的精神，是那種無論如何一定要做到的感覺，而他們眼中只重視一件事，然後把它給做好，其他的是完全不管，那樣才能真正的投入，而且是用心的。

　　假使太多的顏色倒在一杯水中，原本透明的水一定會變得太濁，而只倒一種顏色倒水中，水的顏色才

能越來越深，而且可以很清楚的知道那是什麼樣的顏色。

　　好好做一件事，而且專注的，不輕易動搖的精神，是令人著迷的，假使不能確定是否能夠做好一件事，不知道自己是否能夠做好，只要想著去做就好了，那就變成一件簡單的事了。

食物

文：安塔

在食物上，也從電影裡看到日本人對食物的尊重，那間店家它本身不只是為了開店做生意，有更多的客源而已，那個珍貴是在他們有多麼重視食物的本身，而且是尊重食物的心態，為了給客人最好的享受。

想要給客人的，是期望看到客人吃完食物後的反應，客人滿足的表情是非常重要的，對廚師來說，自己做的食物自己覺得好吃沒有用，而是要讓大家都覺得好吃。

當只有自己滿足的時候，快樂的成分可能有，但不是那麼地多，如果同樣的自己做的食物，能夠帶給別人快樂滿足，這樣就算自己沒有吃到，在製作的過程裡也會得到快樂。

有時候也想到，當我們做一件事情時，究竟是在滿足自己的快樂，還是同樣的也希望對方能跟我們一樣獲得快樂，想著把最好的品質給對方時，當然就會對很多細節裡，需要要求的更多了。

雖然只是一個普通的食物，當我們重視的程度到哪邊，同一樣東西不同人做的，吃起來感覺就會不一樣，這樣的精神真讓人佩服，而自己喜愛的事情轉化為工作後，又能夠如此享受工作，覺得工作就是一件

快樂的事，也並非每個人都能像這樣，接受並且不厭煩。

　　如果人的一生一直在追求的並不是自己喜歡的，也真的是辛苦的，又該如何把工作變成自己熱愛的事，也是每個人需要去做調整的，或者是說如何以更感恩這一切的心態來看。

衣服

文：安塔

　　你說衣服的樣子，上班族穿得很正式，衣服也很符合身材，看上去乾淨整齊的樣子，我也曾經不是那麼喜歡，也並非一直以來都能理解那種形式，會有點拘束感，像是沒有空間可以選擇了。

　　衣服與皮膚貼得很近很近，如此一來，或許會讓人顯得更有精神感，一致性的上衣與褲子，似乎只有髮型有些不一樣，個人特色少了許多，對公司老闆來說，這樣員工也像在學校裡，穿著制服的學生，一致性也許會相對比較好規範吧。

　　走在路上也會看見他們拎著公事包，有秩序的樣子，認真工作的樣子，不知道是不是每個人真的如外面打扮得如此有精神力。

　　曾經也覺得這畫面的一致性讓人感到不自在，原因是看不到每個人的特質，好像每個本來是一個特別的個體，硬生生變成了統一，卻會沒有了自己的本來面貌。

　　該怎麼樣有自己的本來面貌？又該怎麼看見自己的長處？存在的本身就是獨立的個體，是一個令人嚮往的獨一無二的，會不會一直記得自己喜愛的東西是什麼，或者是說應該本來就要知道的，如果說，遺失了之後，又要從哪裡找回來。

　　變成習慣了的事，又要拋棄一切的變化，都是太讓人錯手不及的，而一直擁有的，豈不是一直就在手上，可能是自己一直不知道，或是根本不認為，假使自己不能夠發現的話，會不會太可惜了，失去了原本就存在的東西。

主角

文：安塔

　　看過日本作者的文學小說，在講述暗戀與喜歡一個人的心情，能夠描述到如此細膩的情感，卻又不會過於的不真實，讓我想到注意生活中的各種細節時，會讓人感到踏實。

　　這樣的筆觸是會讓人著迷的，講述的過程中，可以知道主角的心境以外，又格外的感受的真實性，原因是它能夠讓我覺得如此貼近，就是它不是一個事實，你也會相信與認同它是真實的存在。

　　如此貼切描述，然後略帶一些主角的自我幻想，人常常有的是緊張擔心害怕，但這些也會讓人有些期待，期待著變化中的樣子能夠如自己所想像的那樣，當然如果沒有實現的話，可能又會有些失望。

　　人是如此的矛盾，某些人卻有如此的享受在這個過程裡，而不論是喜歡或是不喜歡，好像也只能夠接受了，似乎並不輕易地能夠去做改變。

　　我看著這些筆觸，它們就像有一個人，正在跟我述說著他的真實故事，這一些字跡裡，看不見謊言，看見的是有個人誠懇地述說他的事，而這樣的真實性，在每一頁裡似乎都能讓人感同身受，主角他的情緒，那樣的快樂與悲傷，如此的明顯。

　　他們把一件事情的感受，說出來像是可以說很久，心情上的起承轉合，有時候連自己也難以意識到，或是真的要當自己靜下來時，才能夠看清楚自己的面貌，有時候雖然自己看見了，卻也難以接受，或者是需要他人來告訴自己，有些真實的狀態是怎麼樣的。

水煮玉米

文：安塔

　　生活怎麼做，才能更簡單點？我們是否追求的都太多太多了。有些東西如果可以變得更有故事，它就容易產生更多的魅力，物質的本身就是一個有特色的東西，要加進去的東西，往往都在於我們在生活中體會到了什麼。

　　在嘉義的生活總讓我會去聯想到日本，感覺上那種對事情的執著，或許會讓人覺得固執，可是這樣一個堅持的精神，會珍惜一切萬物的心態真難得。

　　那位高齡九十幾歲的奶奶，身體竟是如此硬朗，知道他們的年紀裡，都曾受過日本教育，那一天，她帶著她煮好的玉米親自走來我們家，是為了送我們一袋水煮玉米。

　　這一袋玉米看起來非常普通，玉米外表也不是很漂亮，還參雜一些深紫色，伴隨著黃色，我猜這是奶奶自家種的玉米。

　　她到現在還是自己一個人住在三合院裡，她也有小孩，卻不願意離開家鄉隨著孩子到城市裡生活，這可能是奶奶身上的對於家鄉的某種情懷。

　　而當我一口咬下這個玉米，深深感動的是，這玉米的口感如此有彈性，那時候我們都不想再煮熱，等

不及一口一口接著吃，冷掉的水煮玉米，確定的是，連一點點的調味都沒有，卻是吃著吃著就越來越感動。

在這玉米裡面的故事，我猜想可能是奶奶的回憶，再令我回想起我的奶奶也曾是受日本教育的，她會唱日文歌給我們聽，印象裡帶給我的是，那種深深的情懷，一直都沒有變過，重視品質的本身，堅守某些原則的感覺。

電車

文：安塔

　　我們在逛書店時，才想起你也有去過日本，卻沒聽過你談論過。

　　「我記得你不是有去過日本嗎？」

　　「有什麼感覺？你去到的時候？」

　　「我當時跟我家人去的，不過就覺得路上很多人吧？感覺上也好好。」

　　「不可能的，你再想想，比如說搭車的時候，還有他們聊天的表情？」

　　「搭電車感覺大家蠻安靜的，沒有什麼在交談，講話也都蠻小聲的，動作不太大，有一種拘束感吧？」

　　「但是在台灣搭公車或是捷運不也是這樣的嗎？」

　　「不太一樣的，在日本搭車似乎是更安靜了一些，每個人看上去比較拘謹的樣子。」

　　「也許是吧。」

　　「看上去是比較壓抑一些吧，不過這只是我覺得吧。但是實際上日本的創作似乎都蠻熱情的？」

　　「嗯，感覺上很澎湃，有很多不同的詮釋方式。」

　　也許都是放在心裡，不論是用音樂或是表演，文字與畫的部分來呈現，很多創作其實都是內心澎湃的吧，就是在日本搭電車時，雖然感覺每個人都是安靜

的待著，似乎沒什麼活力，可是從創作的本身來看，卻有很多不可思議的作品。

　　果然內心是充滿熱情的，而又常常看見多方面的作品，都是細膩的，就像是一塊塊寶藏，你不會知道看似平凡普通的樣子，到底能夠創造出什麼樣的東西。

　　尤其日本也蠻多台灣人喜歡去的地方，無論是任何東西的品質或是生活上的各種所需用品，在台灣，處處可看見我們有很多東西，也都是用日本製造的，對我們來說，日本製造是一種品質的保證了。

雪

文：安塔

　　妳說，日本的冬天好冷，可是不像台灣的溼冷那麼冷，那是妳第一次看到雪，很冷，可是妳卻說，妳很喜歡，當時那段日子顯然在妳心中有了一個特別的位置，這個位置是屬於妳與雪國的，就好像只有妳才知道的秘密。

　　妳如此興奮的說，妳到了日本的北方了，這裡正下著雪，眼前是滿滿的雪屋，是一間間有人住的房子，屋頂上與地上全都是雪，眼前所有的一切都是雪，無法分辨道路在哪，腳踩著雪卻也深怕弄髒它。

　　去到這個地方，搭了好久的車，可是真是太值得了，跟雪融在一起的感覺，就好像忘記了自己曾經是從哪裡來的，忘記了所有的一切，因為所有的一切已經不再是那麼重要了，只有雪，雪跟我是如此的接近，現在的此時此刻，我只知道雪在我身邊而已，如此密不可分。

　　原來雪有這樣的魔力嗎？我難以想像能有什麼特別的感受，只能想像著吃雪花冰的感受，還有想到在寒冷的地方，大家總是覺得那是個浪漫的地方，但不知道在下雪的世界裡，那種浪漫程度是到哪邊。

　　我在沒看過雪的日子裡，聽妳訴說遠方那邊，有個雪國，妳說，雪國的世界是讓人如此嚮往，在哪裡，什麼也沒有，就只有雪而已，那潔白的世界，似乎是所有色彩裡最乾淨的一面，是人類某些時刻想要褪去色彩的地方，把太複雜的色彩扔掉後，才能真正的看見自己最真實的樣子。

小鎮

文：安塔

安塔

　　沒想過生命的每一秒中會是誰悄悄地走進來，當我們努力擁抱生命時，就為這個世界增加了一點色彩，而每個美麗的故事，都會在我們身邊經過。

　　一個剛在銀行工作十年離職的人，他在這座小鎮開啟了有關於他的夢想，他告訴我們，這是他出社會以來，最開心的日子了，在他的收藏品中，有很多的日本書籍。

　　從他身上可以看見有種特別的氣息，也許就像他說的，他喜歡一些特別的東西，這些特別的東西就是他所收藏的書，他在過外旅行時總會去書店，尤其是日本書店，把一些覺得特別的書帶回來台灣，是他喜歡做的事。

　　而現在他擁有了一間小店，希望把這些收藏的書帶給大家，讓大家知道有這些東西的存在，我們從店裡看到的，很多是有關於攝影類型的書，感覺上是一些很普通的畫面，可是在攝影師的眼中，拍攝出來的色彩，似乎給了那座城市另一個新的面貌。

　　溫和的色系，淺色的上衣，與乾淨整齊的樣子，我們與這位年輕老闆交談中，似乎也看見了我想像中某些日本男生的樣子，有點興奮有點熱情，卻又不太

像是南部人的熱情，那種迫不及待想要把自己的夢想告訴每個人的快樂，真是難得。

　　翻閱了一下店內所展示的書籍，在與老闆對話後，更是感覺到了一股日本清新文化的存在，乾淨舒服的存在，店內的氛圍將我們帶到了另一個國度，或許也是踏上了老闆的夢想列車上，所以走出了門外，會看見更不一樣的天空，然後，更期待自己的新旅程會是如何呈現。

膠囊旅館

文：和葉

和葉

這幾年到日本遊玩，多了一種住宿的選擇，〝膠囊旅館〞日文叫〝カプセルホテル〞是日本極有特色的，充分體現日本資源節約與空間創意的便捷式旅館。

因為想體驗看看，便在旅遊的行程裡安排了一間名為 "8hr" 的膠囊旅館，意為休息八小時的旅館，因此種模式主要針對晚上加班，趕不上末班車的上班族客群供他們休息補眠。

進入旅館後便會得到一雙消毒拖鞋和一把衣櫃鑰匙，可以把隨身攜帶的行李鎖進衣櫃。旅館內部隨處可見張貼的 "靜" 字樣，以提醒客人保持安靜。走廊兩側的膠囊分上下兩層，很像中國的臥鋪車廂。"膠囊" 的長寬高分別是 2 米、1 米和 1.25 米，一個身高 1.80 米的成年人躺下翻身是沒問題的，坐起身來也不會碰到頭。一床、一台電視，基本是內部的全部家具了。牆壁上有一排電子開關，是控制膠囊內燈光、溫度及音響設備的。

大概是為了保證膠囊內空氣流通，每隻膠囊都沒有門，只有一個捲簾以保護遊客的隱私。當然，透氣的捲簾無法阻止聲音的襲擾，不遠處的洗手間及淋浴室的聲音會若隱若現地傳進來。深夜，走廊里此起彼伏的鼾聲也會響成一片，旅客可以帶上耳塞隔音。

這種膠囊旅館很不一樣。以黑白為基本色調，處處充滿摩登現代感，旅館以觀光客和女性客人為主軸貼心設計，不只廁所跟樓層男女分開，就連電梯也要分男女，讓女客人住得舒適放心。

外遇很平常?!

文：和葉

和葉

　　日本的外遇事件層出不窮，從明星到一般民眾，並不限於帥哥或有錢，不管高、矮、胖、瘦都有外遇的可能。大家對於「不倫」這件事也都見怪不怪，外遇在日文中被寫成「不倫」，就字面上的解釋為「不符合倫理」，雖然大家都知道這是一件違反道德的事，卻又不加以責備。

　　這樣子特別的社會文化，拋開孤獨感、追求刺激、享受禁斷的愛等情緒性需求，很大一部份原因來自傳統的「男主外、女主內」觀念。即使現在女性結婚的年齡一再延後，但日本相當一部分的女性仍舊希望在30歲當媽媽，婚後專心在家做家庭主婦。因此女性婚後沒有收入只能依靠丈夫給的家用生活，也因此老公就能很名正言順為了工作應酬晚回家甚至不回家，而作為妻子也因為拿人手短而睜一隻眼閉一隻眼。

　　許多這類日劇演的真的不是編出來的劇，而是真實且天天在日本社會上演的。外遇對象可以是上司、同事、朋友、老師、學生，最多的莫過於男主管與女下屬這類的社內不倫，男主管藉職權操控女下屬，而女性利用這層檯面下的關係，在職場上從此就能平步青雲步步高升。

　　令我印象深刻的是幾年前看到一位頗有名氣的資深演員爆出婚內出軌新聞，而在記者群起來到演員家來採訪時，居然是演員的太太出來說明並跟社會大眾道歉，我看到後非常憤慨，不明白為什麼男人做錯事，居然是應該被道歉的太太出來道歉呢?而日本同事也只無奈的說這就是日本社會阿，仍然還是對男性寬容。

垃圾分類

文：和葉

　　大家應該常常看到日劇裡面，社區裡的主婦們聚在一起在垃圾聚集區面前批評著這是哪家的垃圾怎麼沒分類分好，或者是拿出來的日子不對之類的。這個的確是日本的現實生活！

　　每個縣市每個地區的規定都不一樣，有些地方要把塑膠和紙類分開放，有些地方又不用，然後密密麻麻的各種細節真的是令人頭痛，總之搬家後第一件事就是要知道這個地區的各種垃圾丟棄的時間和分類方式。

　　而有些收集資源回收的地點是在某些特定的建築物旁，例如:電線桿的下方，因此在不對的日期丟回收或是內容物沒分好被拒收時，便會只有一包垃圾孤零零的放在電線桿下，特別顯眼。

　　因為目前為止都住在比較安靜純樸的公寓裡，所以還沒遇到過會把分類錯的垃圾放到家門順便貼個紙條說你分錯了之類的事情，但是還是有被公司同事提醒過好幾次垃圾要分好，丟個垃圾都壓力超大。

　　而垃圾收集處通常會有網子照在垃圾上，這是為了防止烏鴉亂咬垃圾，大家應該時常可以在日本的卡通動畫裡看見烏鴉，而現實中的日本，烏鴉真的非常的多，體積也相當龐大又聰明，每到垃圾回收的日子，

便是烏鴉最佳的覓食時間，如果沒有蓋上網子，烏鴉便會啄破垃圾袋，造成垃圾散落滿街，影響市容與衛生。但就我的經驗來看，即使有網子烏鴉也照咬不怕，並且當你經過烏鴉旁邊時，他們也不怕不會飛走，還用著一臉你奈我何的表情，真的讓人害怕又無語。

抽菸的文化

文：和葉

在台灣耳濡目染的氛圍下，好孩子、好學生是不會抽菸的。而通常我所熟知的抽煙的男性，也多半是因為青春期時想要耍帥搞叛逆才學抽菸的，當然其中也有電視或戲劇的影響。也因此當我發現日本人無論男女老幼都有很大的機率會抽菸時，著實震驚。

遙記多年前第一次日本遊玩時，發現路上有菸的自動販售機，於是跟朋友決定試著購買一次，當作好玩的經驗，卻在投了錢之後遲遲跑不出商品，就在我兩束手無策時，從後方伸出一隻拿著錢包在販賣機前感應後便跑出我們選的菸盒，覺得害羞又不想讓人以為菸是我們兩個女生要抽的，拿了東西道了謝就跑走了，在那瞬間看到的是位穿著黑色大衣內裡西裝筆挺、清爽又帶著微笑的男性，而之後才了解日本未滿十八歲不能抽菸，而那位先生應該是某種類似身分證明的卡幫我們購買的，不禁感嘆日本的高科技也感謝當時的男性的體貼。

之後在日本的工作的日子裡，也看到了同事男男女女都會抽菸，也了解到這是他們文化的一部份，因處在高壓的社會裡，抽菸成為他們減壓和社交的一部份，如同喝酒一樣，一根菸的時間可讓不熟的兩人聊心事、工作、家庭等，因此即使他們也知道抽菸有害

健康，仍然不願意戒掉。也因此日本抽菸的地點也規定的非常嚴謹，不能邊走邊抽，只能在設置的抽菸處進行，而餐廳也一定設有抽菸區和禁菸區，若是不太懂日文的人恐怕會不小心被帶到抽菸區進行一場煙霧瀰漫的晚餐嘍。

居酒屋的夜晚（上）

文：和葉

　　相信許多人對「居酒屋」這個名詞並不陌生，在日劇裡也時常看到主角及其同事，下班後結伴一同光顧、高喊「乾杯」的場景，那種歡騰的氛圍，讓很多人對居酒屋產生了憧憬。近年來，日本旅行的風氣正盛，許多旅客也會到居酒屋朝聖。但是，日本的居酒屋文化其實非常獨特，因為它不單單只是三五好友聚會的地方，很多時候更是公司內部聯絡感情、甚至是商談時會使用的場所，因此許多不成文的規矩便油然而生。

　　以下根據我自己在日本工作三年的經驗，針對居酒屋分享幾個有趣的文化加以介紹。

　　日劇中響徹雲霄的「乾杯」，大家一定都印象深刻，而這個乾杯的儀式，也影響了日本人到居酒屋的點餐順序。簡單來說，到居酒屋消費，日本人會先點飲料再慢慢點餐，而且為了讓店家快快出飲料，大家通常會合群地喊一句「とりあえずビールで（總之就先來個啤酒吧）」因為啤酒不需要額外加工 能很快上桌，再加上大家都點一樣的，就不用互相等來等去耽誤乾杯時間。在台灣的話，小吃文化比較盛行，因此點餐時，通常習慣飲料跟餐點一起點（甚至根本不會點飲

料)。大家若光臨居酒屋，不妨入境隨俗，先決定飲料，再慢慢點餐吧。

　　而關於菸味，雖然這一點並不侷限於居酒屋，然而由於台灣的餐廳普遍禁菸，因此許多旅客在日本旅行的時候，不會去注意餐廳是否禁菸，而造成用餐時的不快。另外，有些標榜分菸的店家，常常只是將兩種客人分區，菸味還是瀰漫在空氣當中。不喜菸味的話，記得要留意一下。

居酒屋的夜晚（下）

文：和葉

在日本，比起吃到飽，提供「飲み放題（喝到飽）」菜單的餐廳似乎比較多，而居酒屋當然也不例外。如果決定了無限暢飲的服務，則可以在一定時間內，自由從店家提供的選單中點飲料喝，內容除了無酒精飲料，也會包含一些像是啤酒、梅酒、調酒等酒精飲料。無限暢飲這個菜單，對於專程到居酒屋喝酒的日本人來說，是再好不過的選擇。以我自己的經驗來說，很多日本人都會優先選擇有喝到飽菜單的店家前往。

不過以台灣人的飲食習慣來說，吃東西就是吃東西，飲料往往只是配角，所以飲料能不能喝到飽，就不是左右選擇的要件。像我自己到居酒屋，偶爾會遇上台灣遊客，就會發現一個很有趣的現象，那就是台灣人的桌上通常都上滿了菜，但日本人的桌上則都堆滿了酒瓶及杯子。

點完飲料後，大部份的居酒屋還會端上幾盤小菜，隨著酒水一起上桌。這些小菜在關東叫「お通し」，關西則稱「つきだし」，有點像「座位費」、「服務費」的概念，是無法免除，且需要付費的，以我目前為止去過的居酒屋來說，一個人需要負擔 300～500 日圓左右。

　　這樣的不成文規定，即使在日本行之有年，但對初來乍到的外國人來說，只會覺得怎麼莫名被多收錢，而時常演變成消費糾紛。因此，現在有一些店家開始積極對外國人推廣「お通し」的文化，甚至還有一些居酒屋開始了可以不點「お通し」的制度，不過這些終究是少數，希望大家能事先了解，才不會造成誤會。

體驗日本溫泉（上）

文：和葉

日本溫泉跟台灣不太一樣，幾乎都是大眾池，不像台灣以私人為主，而是真的全都脫光，連泳衣或是用浴巾遮著都不可以的，有男女分開的浴池、也有共浴的，因日本人平時也常會家人一起泡澡，因此對他們來說很正常，所以不害羞的人可以嘗試看看共浴，但如果是單獨女性，建議一定要有人陪伴會比較安全。

泡溫泉時有一定的步驟，首先會先進到洗澡的區域，把身體都清洗一遍，才會進到浴池裡。基本上都有戶外與戶內池，每個池也會標示溫度。泡完之後，記得買上一杯牛奶來喝，想像日劇裡的大叔都是這樣做的。另外，這裡的溫泉通常也有食物販售，泡完後肚子餓也可以直接買來吃，甚至喝上一杯冰涼的啤酒，價格都很合理。

除了一般溫泉館，你也能入住溫泉區的日式旅館，他們的房間都是和式，而且是最正宗傳統的格局，這在台灣很難體驗到。抵達飯店門口之後，就能立刻體驗到日式傳統的待客之道，進門口後必須先脫鞋，放在專屬的鞋櫃並換上拖鞋，接著會有一名穿著和服的服務人員，帶著你去房間，房間內也已經準備好茶水、甜點讓你享用，也有你專屬的浴衣，在飯店裡可以穿著它到處走，泡溫泉、吃飯都沒問題，但外出就不行。

如果你入住的是較高檔的日式旅館，記得一定要品嚐他們的懷石料理，絕對不會讓你後悔。

體驗日本溫泉 (下)

文：和葉

　　多年前和兩位友人的日本行裡，因此次旅遊圍繞著京阪神地區，所以決定找關西有名的溫泉來體驗下日本的泡湯。一般來說，關西地區包含奈良、和歌山、京都、大阪、兵庫及滋賀，但由於我個人的不共浴堅持，同行的友人只好配合我找了間頗有名氣的溫泉酒店位於有馬溫泉區，有馬溫泉據說是日本最古老的溫泉，位於六甲山中心，從神戶三之宮車站搭乘電車約需 30 分鐘。這裡的溫泉水是從床岩的裂縫湧出，而其含鹽量為日本之最，可使身體達到放鬆效果。因此處的泉水溫度低於市中心，所以每到夏天便會湧入許多來自關西地區的遊客，以躲避市中心炎熱的天氣。

　　酒店外觀濃濃的日本古風味，進到玄關處便是如同日劇般長長的木製走道，工作人員穿著和服接待我們，我們選擇的 4 人個室湯屋，進去後寬敞的置物區還有兩個無印良品風的洗漱台，台机上從卸妝乳、洗面乳到吹風機等一應俱全，再往裡面走就是室外泡湯區，而泡湯區和室內區中間有個小區域室沐浴區，在此將身體洗淨後再到室外泡湯。室外的泡湯行走區皆是由石頭砌成，旁邊還有躺椅好不愜意，兩個小時的使用時間不長不短剛剛好，泡完後再到飲食區享用一頓美味的懷石料理，雖然這次的行程較為昂貴，酒店的名字也不可考，卻是身子暖心也暖的滿滿美好的回憶。

促成愛情的冰川神社（上）

文：和葉

和葉

　　日本的神社和台灣的廟宇一樣琳瑯滿目，每個地區都有自己特色的神社，而女生最喜歡的神社不外乎攸關愛情的。關東地區有幾個著名的戀愛神社，其中又以琦玉的冰川神社最為出名。

　　第一次前往時只是和三兩朋友到琦玉遊玩的其中一個景點而已，因冰川神社位於小江戶川越的終點，而小江戶川越最令人印象深刻的就是黑色的瓦片屋頂建築，稱為「蔵造」，這條蔵造兩旁的主街稱為「川越一番街」，兩旁林立許多美食和古完的店家。

　　而再小川越的冰川神社距今已有 1500 年的歷史，並被川越市登錄為指定文化遺產，每天早晨會發放 20 個姻緣石，這是由巫女在神社內撿石頭加持祈求，聽說對成就姻緣非常靈驗，因此每天一早就被領取一空，爾後幾次前來都沒能得到甚是可惜。

　　除了姻緣石和基本的繪馬和御守外，冰川神社還有幾個有趣的參拜點。一般神社參拜完後都是用一旁的籤詩筒抽籤，但是冰川神社是鯛魚籤，一堆鯛魚形狀的土器裡塞著籤詩，分成了粉色(愛情)、和紅色(運勢) 鯛魚區，在神籤旁邊有著釣竿，綁著假餌，投完錢後就可以拿著釣竿釣隻屬於自己的鯛，裏頭的籤詩看完後鯛魚也能留著當吊飾，非常可愛。

促成愛情的冰川神社（下）

文：和葉

　　神社內還有著人形流，在神社裡有條小河川，一旁放著人形的白紙，小川旁有人形流的教學方式，步驟是拿起小紙人，在紙人上哈氣再投入小川中，若紙人可順利流通過河川中的小門，即可以祈求消除厄運，主要是自己若有什麼不好的事情可以藉由人形流掉，譬如最近過的不順遂或是身體疾病，藉由人形帶走那些使你不愉快、不如意的事，讓自己更順遂些。不知道是否真是如此靈驗，第一次參拜後愛情和工作就順遂多了，也成就了在異國的初次戀愛。此地點也成為了親友來日本遊玩的強推名單之一。

　　而冰川神社在每年 7 月至 8 月 31 日期間舉辦「結緣風鈴」（緣むすび風鈴），會把寫有願望的紙片綁在江戶風鈴上，掛在神社境內祈求緣分。此外在每月 8 號及第 4 個星期六會舉辦良緣祈願祭，總是吸引許多人參加。當時和一位想祈求戀愛成功的友人就在這期間參予了此風鈴盛會，本來是兩列的繪馬牆，變成七彩的風鈴牆，光彩奪目，微風吹過時的清脆鈴聲甚是好聽。

　　因為一開始的好結果，雖然距離當時居住的區域不算近，還是會每隔一段時間便會來一趟神社，無論是帶朋友來或是單獨來，無論是當時運勢好或是不好，來這裡享受神聖的氣韻、呼吸乾淨的空氣、跟神明說明心事後再將它流入小河川中，回程時走逛著小江戶街道吃著古早味的霜淇淋並看著夕陽西下，每回完成這一趟的心靈之旅都覺得心情舒暢許多。

日本特殊諧音紀念日（上）

文：和葉

在日本，有許多特別的紀念日，是利用日期或數字的諧音所創造出來的。

草莓之日（1月15日）——由於日文的數字有多種發音，而1月15日中的「1（i）」是「好」的意思，「1（ichi）5（go）」則是「草莓」的意思，配合發音之後而成「好的草莓」之意。而草莓的採收日和季節也是以1月中旬為主。雖然「草莓之日」的制定由來眾說紛紜，但以1月15日為中心，許多商家、店鋪都會在這時候研發、推出各種草莓甜點或草莓特賣的活動。也有部分店家是選擇把諧音等同「草莓」的日期「1（ichi）5（go）」，訂為草莓日。

泡澡之日（每月26日）——日文2（fu）與6（ro）的發音截取後可以組合成日文的「風（fu）呂（ro）」，意指「泡澡」，因此就將2月6日就制定成「泡澡之日」了。此行為是以「將日本泡澡文化推廣到全世界」為宗旨，由此可見日本人有多愛泡澡了，連泡澡的習慣都能特別為它成立紀念日。

貓之日（2月22日）——日本的「貓之日」制定於1987年，由愛貓的文化工作者組成的「貓之日實行委員會」與一般社團法人合作推廣，以「與貓同在的生活充滿幸福與感謝，創造這個紀念日來分享與貓同在的喜悅」為宗旨所制定。會選擇2月22日是因為，日文中形容貓叫的發音似「Nyan」「Nyan」「Nyan」，與日文「2」「2」「2」的諧音類似，經過全國愛貓者們的公開票選後所確立。

日本特殊諧音紀念日（下）

文：和葉

　　肉之日（2月9日或每月29日）—日期的「2（ni）9（ku）」唸起來就和肉（ni-ku）一樣發音。因此，都道府縣食肉消費者對策協議會制定，每個月29日為「肉之日」。雖然該會並沒有把2月9日制定為「肉之日」，但久而久之，大家就自動把2月9日也當作是「肉之日」啦。而全國食肉事業協同組合連合會更於2月9日與每個月29日舉辦「肉之日」大特價的活動。除此之外，烤肉店、牛丼店、連鎖餐廳、生鮮超市等，在「肉之日」時肉類商品打折特賣，甚至是半價也十分常見喔。當時有間牛排店會在每個月29日時舉辦1980元吃到飽的活動，意指選擇其中1980元的牛排品項，可不停地續點，牛排的品質絕不因吃到飽而馬虎，除了牛排也附有熟食和沙拉吧，因此每個月前去挑戰成為我和同事的必做事項。

　　好夫婦日（11月22日）—日期的「11（i-i）22（fu-fu）」音同日文中的「好」和「夫婦」，希望讓平時無法將感謝說出口的伴侶們得以藉此機會，化作實際行動表達對另一半的心意。如今，許多新人會選擇在這個備受祝福的好日子舉行婚禮；而這段期間也會有不少店家順勢推出成雙成對、象徵夫妻和諧圓滿的商品。

　　日本的諧音紀念日還有很多，只挑出了幾個覺得很有意思的來，有些紀念日來歷已經不明，但是日本人仍然很遵守每個節日，相對於台灣人過節已經不知緣由只覺得了個假期而以。

回憶的橫濱港

文：和葉

和葉

　　說到日本旅遊，有許多的熱門景點，橫濱便是其中一個，熱鬧的中華街、著名的日清泡麵博物館、港未來 21、山下公園及異人館等，距離東京約 30 分鐘車程的這個城市，所到之處皆有獨特的魅力。為方便旅客參觀，許多區域都有觀光巴士，讓大家可以輕鬆移動，遊遍橫濱。想利用的人記得認清楚市營巴士標誌，或繞行港未來及中華街區域為主的「あかいくつ」定點觀光循迴巴士。

　　而橫濱地標的海灣大橋，可以看到優美的海景──みなとみらい。就在搭乘 JR 或地下鐵，至櫻木町站或みなとみらい線的みなとみらい站附近。

　　這附近有購物商場、美食街、電玩場所等設施，一整天都玩不完的地方。太好逛的緣故，最近也成了約會熱門景點。橫濱太空世界、紅磚倉庫、地標塔、麵包超人博物館等，也都在港未來這個區域。

　　每當假日沒有特別計畫，就是和朋友兩三或是獨自一人跑來地標塔下的購物中心吃吃逛逛、有多餘體力再走到山下公園踩踏草坪，最後一定是紅磚倉庫的夜景作為結尾，此為具相當歷史的建築物。倉庫裡有各式餐飲店和藝術小物。外面的活動廣場則經常隨季節變化舉行各式各樣的活動。

　　而港未來的摩天輪被譽為愛情的摩天輪，想成為情侶的男女坐在摩天輪的最高點時告白都能成功，如此美好的傳說我卻沒能驗證，希望有天在回到日本時，可以跟心儀的對象前往搭乘。

刺青之於日本

文：和葉

　　我們常在日劇裡看到黑道老大會在身上刺青、在外國電影裡也常見到，而大部分人對於刺青的看法也大同小異，其實日本的紋身文化其實相當悠久，而人們刺青的理由也各有不同，有時候，刺青其實是處罰的一種手段。

　　對於一般民眾來說，對於刺青最先聯想到的或許是暴力集團，事實上出於對群體的認同感，暴力集團成員的確不少人都會去刺青，也造成刺青常同時伴隨著「反社會人格」的觀感。舉例來說，大阪市政府就禁止員工在市民面前露出身上的刺青。雖然日本社會中，大部分人的觀念還是較負面的，但現在同西方人追求時髦而去刺青的人卻愈來愈多。例如:日本歌手一一安室奈美惠，她就是擁有刺青的名人之一。除了自己兒子的名字，安室也為了紀念而將自己要給母親的話刺在手臂上，早期上電視時都大方地露出，卻因而招致不少投訴；現在當她出現在電視上時，通常都會將刺青藏起，尤其出席國家級電視台的節目時，更會特別注意。

　　若身上有刺青，在被禁止的行動中最基本的就是無法進入大眾澡堂、起初是希望避免讓暴力集團成員進入，但直到現在，即便身上的刺青是小型的流行圖案，仍然會被拒絕進入。因此，當擁有刺青，就意味著你無法在日本社會自在的生活，更不用說需要在日本找工作的狀況了！特別是要接受面試時，最好還是將身上的刺青隱藏起來喔！

美不勝收的清水寺

文：和葉

　　京都的清水寺跟金閣寺一樣，都是京都代表性景點，也充滿著歷史感，是觀光客必去的朝聖景點。聚集許多神社佛閣的京都，擁有知名的寺院、觀光地之外，也還保有一些過去的商店和職人工房、錢湯（大眾浴場）等古老風情，如果對日本古老文化和傳統有興趣的人，無論來訪幾次京都旅程都可以很充實。

　　京都最有名的清水寺，之前經歷睽違 50 年的正殿屋頂整修工程，當時整個正殿都被工地帆布包圍住，現在也已拆除還原「清水舞台」全貌。這次的平成大修理，2020 年 11 月下旬撤去整個工地帆布，全新的清水寺帶來嶄新的氣象。由 139 根高數十公尺的圓木支撐，全程沒有使用任何一根釘子的「清水舞台」，一到賞楓季節眼前更是赤紅一片，如同置身在畫中一般。連帶清水寺及附近景點，光是逛一帶就會花上許多時間，若是想參加清水寺的夜間參拜，可將之放在行程的最後一站，要到清水寺的話，必須先上山爬坡。爬上「三年坂」、「五条坂」等的參道，雖然會有點累，但是沿路上可以看到土產店和一些小吃店，所以一點都不會覺得無聊。登上參道後，首先看到的就是這個巨大赤門，「仁王門」。仁王門的右後方可以看到聳立的「三重塔」，可感受到一種真不愧是京都寺院景觀的

感覺，因此有許多觀光客會在這邊拍照留念。而等到夜晚的清水寺的天空上方一束藍光劃過清水寺夜空，充滿神聖氣息，美不勝收。

因為疫情關係一直沒能再前往觀賞全新的清水寺，希望它能溫柔的守護日本，期待再見之日盡早到來。

日本的早餐

文：破風

　　第一次到日本是因為工作的關係（那已經是二三十年的往事），所以，一切都由公司安排好。到步後，經過一天的忙碌，第二天早上迎來首個在日本的早餐。

　　因為公司安排的都是日式旅店，全店可能都是日本人入住，所以，一切都很日式。早餐也不例外，第一個早上，踏進餐廳，服務人員很有禮貌地指示我的座位後，便端來期待已久的早餐。

　　就是因為是日本式，所以，早餐自然是傳統的日本早餐。先來一本熱清茶，精神一下，便開始細心欣賞這份早餐。早餐有幾個器皿盛放著，除了清茶外，就是一個長形的盒子，裡面放著一片熟魚、色彩鮮艷的蘿蔔絲、幾個不同顏色的蔬果（那時也不知道是什麼蔬果）、印象中好像還有半顆蛋，一碗白飯，一碗味噌湯，還有一小碟的黑豆。

　　整組的早餐擺放得很精美，來日本前，就曾聽說過，日本人很講究在吃的方面，食物除了要好吃外，也要好看。看到這樣的早餐，真的有點捨不得吃。

　　把整份早餐送進嘴巴裡，除飽餐一頓外，享受著這樣的美味，的確有不一樣的感覺，不過，有一點對個人來說是有點不習慣，畢竟一大早起來就吃白飯，這經歷真的是前所未有。對於當時還年輕的我來說，

是很特別的經歷，那時就想，這份早餐放到中午，其實也可以當作午餐。不過，早餐的確美味，又有營養，比起西式早餐其實健康得多，自此愛上了日式早餐。

日本的漫畫

文：破風

　　小時候開始接觸日本漫畫，第一本應該是《小叮噹》(後改名為《多拉 A 夢》)，這本長壽的漫畫，影響了幾代人，包括我。

　　看《小叮噹》是可以了解不少的日本歷史及文化，有些故事有述及一些日本歷史，也會談到日本地理。至於文化方面，可以從漫畫看到主角們的各方面的生活，由此開始了解到日本人的生活。

　　例如：大雄回家要脫鞋、小學生們上課都是自己步行、睡覺是睡在榻榻米上、日本很多小鎮的房子都是兩層日式建築、警察是騎腳踏車...等等，看的那時候覺得有趣，後來多了解日本後發現，原來日本真的是這樣。

　　叮噹的法寶多樣化，滿足很多人的幻想，一些想法從來都沒去想，書中都可以看得到。對我來說，印象比較深刻的是縮小槍，有了它，很多東西都可以變得很小，方便攜帶了。而立體複製照相機，可以在家裡建立一個小鎮，走過那條縮小隧道，可以讓寸金尺土的今天，省下不少的房價。

　　還有我最想要的隨意門，可以周遊列國，不用簽證，更不用買機票，最好的是不用花時間，想到那裡就到那裡。時光機，可以重溫過去的片段，見到失去

的親人，甚至乎有可能改變自己的歷史，雖然知道未來不一定是好事，但重溫過去，卻是很溫馨的場面。

數十年前的想像，有不少到今天都已經實現，叮噹身上的法寶，總會有一樣你會喜歡的，創意無限，又帶給人無數驚喜與幻想，因為這樣，便愛上了日本文化。

御飯團

文：破風

　　御飯團是將白飯弄成三角形，外側加上海苔包圍著，中間再加上不同的配菜、如鮭魚、鮪魚、雞肉等等，今天的口味非常多，而且到處都可以吃得到，除了一般的餐廳外，最方便的是在便利商店購買，即買即吃，也不用加熱。

　　說起御飯團，當年初到日本，與老闆一起到拉麵店吃東西，看圖點餐，順利的圖了兩碗拉麵，與老闆大快朵頤後，但覺仍感肚子餓。那時年少氣盛，想眩耀一下略懂的日語（當年其實只是簡單的字句與五十音都熟悉而已。），看見菜單上，有幾行食物是沒有照片，只有字與價錢，看到一行價錢不高的幾個日文字：おにぎり，便跟餐廳點了這四個字的食物，那時都不知道這是什麼東西。

　　當服務生將おにぎり送上來時，才知道是飯團，而且，還是沒有任何配料的一種（難怪價錢便宜）。還好，就是吃飯嘛，剛好可以吃飽，個人感到很滿足。

　　有趣的是，之後與日本客人談起這事時，各人都在大笑，剛開始時不知道他們在笑什麼，原來在日本人的認知裡 在拉麵店基本上沒有人會點おにぎり的。這件事，亦成為了往後幾天，給日本客人拿來開玩笑的話題。

　　雖然被開玩笑，但至少讓我學多一點東西，了解日本文化多了一些。不過，話說回來，雖然是沒有加任何的配料，御飯團其實很好吃的，簡單、乾淨、美味，臨時解決肚子餓的最佳解決方法。

曾幾何時在香港的日資百貨

文：破風

　　從小在香港長大，或許香港很早就接觸大量的日本文化及事物，所以一向對日本都有好感，而滿街的日資百貨公司，可能是其中之一的原因。

　　日資百貨公司給人們的印象是，裝潢漂亮，感覺很舒服，產品新穎，那年代不少產品都是日本製造，感覺非常精美，每次到日資百貨，總令人流連忘返。

　　那年代因為住在九龍區，最愛到尖沙嘴逛街，當中最喜愛到東急，因為近在尖東海旁，盛夏裡，看看海景後，然後步入東急百貨，吹一下冷氣，再看一下琳琅滿目的新產品，真的賞心樂事。還記得當年歌神許冠傑的一首歌《日本娃娃》第一句歌詞：「尋晚響東急 碰正個日本娃娃！」，就是東急了。在東急買過的產品，以文具為主，那時代的日本文具，非常有新意，實在愛不釋手。

　　在東急附近，還有伊勢丹及三越百貨，兩家店都同樣會順便逛一逛，會跟他們買日本的出版物，如日本寫真集、明星月刊、甚至是旅遊書，雖然全都是日文，當時略懂日語的我，都會看到津津樂道。

　　雖然較少到香港島，但在銅鑼灣的三越、崇光、松坂屋、大丸都會走一走，並且會購買日本零食，甚至會購買日本的生魚片及壽司。而位於金鐘的西武，

因為售賣都是高級產品，同樣不會錯過，就是羨慕一下有錢人的生活。

位在東區的 UNY 及吉之島，與新界區的西田及八佰伴，相對就比較少去了，因為路途實在太遠了，雖然如此，只是尖沙嘴與銅鑼灣的日資百貨已經足夠令我難忘了。

《月薪嬌妻》場景出租

文：破風

　　不得不佩服日本人創造話題的能力十足，一套日劇《月薪嬌妻》不單令星野源和新垣結衣人氣急升兼戲假情真，日本 TBS 電視台更加與空間租賃「SPACEMARKET」合作，重新還原平匡家的客廳場景開放予市民參觀，聽到這一點是否心動想入場呢？

　　日本 TBS 電視台與空間租賃「SPACEMARKET」合作，重新還原平匡家的客廳場景，7 月 22 日起開放民眾參觀。市民只要事先上網預約，就可以走進這個「愛的小窩」。這個場景，由日劇製作人峠田浩、美術組製作船山和歌子操刀，還原《月薪嬌妻》的客廳場景：不論是室內拖鞋、馬克對杯，還有簽約用的雇用契約書都一應俱全，所有出現在日劇中的小細節小道具，只要入場通通看到。

　　如果你想學平匡和美栗一起大跳片尾「戀舞」，不妨來到這個場景的客廳一試身手。整個場景走溫黃色系，還有可愛的黃色太陽摺紙佈滿空間，讓你甫一入場，便有一種扮演戲中角色的錯覺。

　　如果想參觀場景必須事先上網預約，大家可以到 SPACEMARKET 官網預約，最少要預約 1 小時，還有 4 小時組合可選，讓大家獨享平匡家的空間。不過，這個空間由 7 月 22 日去到 10 月 31 日，是期間限定，1 小時租金 3,696 日圓，4 小時組合租金 4,389 日圓。計算好時間、金錢及行程，大家便不妨前來租用，無論是拍照、求婚、體驗平匡家生活、甚至現場跳段戀舞都可以，粉絲們一起來朝聖吧。

志村健銅像成影迷朝聖地

文：破風

你喜歡志村健這位日本藝人嗎？這位喜劇天王在 2020 年 3 月因感染武漢肺炎猝然離世，令國內外影迷心傷。為了撫平大家的心情，志村健家鄉東京東村山發起了「志村健銅像企劃」募資計劃，志村健銅像已在 2021 年 6 月 28 日面世，讓影迷日後可以有個聖地永遠懷念這位日本喜劇天王。

《志村大爆笑》、《天才志村動物園》，有志村健的地方就有歡笑，正是因為他魅力非凡，志村健家鄉的青年在他離世之後行動，發起「志村健銅像企劃」，透過網路群眾募資，短短幾日就有 6,000 多位支持者捐獻超過 2,700 萬日幣。

擁有資金之後，眾人從志村健的經典搞笑手勢挑選，包括「傻瓜殿下（バカ殿樣）」、「怪叔叔（だっふんだ）」、「啊咿（アイーン）」等，最後選中大家印象深刻的「啊咿（アイーン）」手勢做成銅像。扣除基底台座不計在內，志村健銅像約高 184 公分，重達 284 公斤。揭幕當日，志村健的哥哥志村知之看到身著和服比著手勢的志村健銅像不禁落淚，原來弟弟志村健還有機會為大家帶來歡笑。

這個銅像位於東京東村山車站東口，（西武鐵道新宿線、西武園線、國分寺線），是 24 小時免費開放。

東村山車站前除了志村健銅像之外，銅像旁更有三棵大欅木，是 1976 年感謝志村健翻唱家鄉歌曲、讓東村山一躍成為觀光景點而種植起來。如果你是志村健影迷，日後來日本旅行時，不妨來到此地朝聖，懷緬志村健為大家帶來快樂的美好回憶吧。

富士急樂園驚險萬分

文：破風

人類總是喜歡刺激，卻又貪生怕死，機動遊戲正好安全地滿足大家的心底願望。如果想找有趣的新機動遊戲，不妨留意富士急樂園的「牢籠摩天輪」及「FUJIYAMA 塔」展望台，保證恐怖指數爆燈。

山梨縣富士吉田市的富士急樂園十分有名，不乏出人意表的玩意，園區的「牢籠摩天輪」在今年七月面世，兩個牢籠模樣的座艙，讓遊人淺嘗鐵窗滋味。該款可載兩人的座艙四面均由不銹鋼網所包圍，身處其中的玩家飽受風吹雨打，同時感受艙底隱約看到離地 50 米地面的恐怖感，長達 11 分鐘的「懲罰」過程，彷彿是令大家反思自己所在所為。如果想挑戰膽量，另有閃耀之花的包廂，同時設有 4 卡全透明座艙，從天花板到地板全數無遮無擋，保證遊人嚇到心驚膽跳。

除了「懲罰摩天輪『監獄君』」，另一項新玩意是55 公尺高的「FUJIYAMA 塔」展望台。遊人可繫上繩索，直接走在軌道上空中散步。這個「FUJIYAMA 塔」，是利用有「離天國最近」之稱的雲霄飛車 FUJIYAMA 的維修檢查塔改造而成，以往只有維修人員和搭乘雲霄飛車的遊客才能在這裡一覽富士山壯闊山景全貌。現在旅客不用玩雲霄飛車，只要登上離地 55 公尺的空中觀景台，就能用全新角度欣賞富士山，同時還能

捕捉到雲霄飛車從眼前疾速行駛而過的風景。旅客綁上安全繩索,在兩側完全沒有扶手下踏上戶外圓形空中步道漫行,在此絕不建議畏高者嘗試,否則極容易嚇破膽。

如果只想享受爽快感覺,不如一試「旋轉型溜滑梯」,旅客可以從觀景台旁一路急速旋轉向下滑落至地面,相對之下,這個玩意可以說是比較安全了。

最想和她談戀愛 女星吉岡里帆正式上位

文：破風

　　眾所周知，日本的「國民老婆」是知名女星新垣結衣。不過，她在 5 月爆出與星野源結婚，消息一出傷透男人心。因應最新情況，日本知名相親網站進行「最想和她談戀愛的女星」票選時，長年冠軍新垣結衣屈居第 2，第 1 名由 28 歲女星吉岡里帆接棒，莫非這次是她上位的時候了？

　　吉岡里帆歷年演出作品包括《阿淺》、《四重奏》、《你已藏在我心底》等，早已獲得不少演技大獎。她擁有天使面孔及火辣身材，早在先前日本 Oricon 網站「最理想女友」投票奪得亞軍，今次榮登「最想和她談戀愛的女星」第 1 名，人氣急升不容忽視。

　　這位美女在 2014 年出道，因為之前在劇集的角色都是負面特點不少，因此不太受觀眾喜歡。甚至 2019 年時候，日本傳媒挑選最討厭女星時，她都排名在 28 位，被人認為是「時刻都在賣力裝可愛」。時來運到，當同期或者前輩女星開始另有發展，吉岡里帆終於等到上位時機。

　　吉岡最初的夢想是成為書法家，擁有書道八段實力，並進入京都的大學開始書道深造。不過她也熱愛表演，成長時代瞞著父母偷偷在東京報了一個演員培

訓學校。長達五年時間，吉岡里帆幾乎都是乘搭深夜巴士往來京都與東京，為夢想吃盡苦頭。

　　未入行前為了賺錢，吉岡到居酒屋、咖啡館、酒店及公司派遣員、甚至牙醫助手，最多試過一次打 4 份工，體會基層人士之苦。出道之初遇不上好角色，吉岡里帆靠 2014 年 7 月發行的泳衣寫真才走紅。兜兜轉轉，吉岡里帆終於等到受人歡迎的時間到來，未來數年，她的發展值得期待。

Narita Farm Land
農莊體驗

文：破風

　　如果喜歡日本旅遊，又喜歡農莊體驗，以下名字絕對值得大家記住，它就是位於關東區域的「Narita Farm Land」。這個新景點由成田機場出發只需要 15 分鐘車程，在今年 7 月 31 日正式開幕，可以成為旅客未來的必到之處。

　　這個以農莊體驗為主題的公園，母公司是傳統蔬果農場「秀じい農場」。他們一直堅持種植好味的健康蔬果，更以「健康蔬菜來自健康土壤」為原則，以獨家無公害堆肥方法種植。2019 年，這家公司萌生開設觀光農場的心思，種植士多啤梨、藍莓跟野莓等，輾轉發展成今時今日的農莊體驗主題公園。

　　此地既為農場，由新鮮農產品、原材料到製成品，全部應有盡有。農場內設有 2,000 平方米的飲食設施，當中包括手工啤酒、水果啤製造及銷售，即場購入配上燒烤，絕對是人生一大快事。如果喜歡士多啤梨，可以選擇即摘即食，也可以買一箱回去跟好友分享，感受最新鮮的水果美味。

　　主辦單位的心思是開設讓一家大小可以玩足一整天的樂園，因此各項遊樂設施應有盡有。除了實際吃進肚子裏的美食，農場內設有 2,000 平方米的玫瑰園跟 5,000 平方米的鮮花公園，絕對是拍照好去處。如果想親自做農夫，更可以參加主題樂園的農作物收穫環節，大人和小朋友都可以一起樂在其中。如果想小朋友學懂珍惜食物，不妨一起來收割農作物，讓下一代知道什麼叫「誰知盤中飧、粒粒皆辛苦」吧。

女僕咖啡店傳奇
志賀瞳

文：破風

破風

　　日本女僕咖啡店的文化由 1998 年開始，直到現在除了當地盛行之外，在海外也有不少商家模仿推行。其中，在日本有一位傳奇女僕服務生志賀瞳，甚至榮升母公司「Infinia」社長長達 6 年，實在令人訝異。

　　1998 年 8 月，首家可體驗女僕服務形式的咖啡廳店面出現，它是為了在東京角色展推廣成人遊戲《歡迎來到 Pia Carrot!!》而設置。第一家被認定真正從創店開始便以女僕為導向的咖啡廳，則為 2001 年 3 月 30 日開設的「Cure Maid」。後來相關概念不斷發展，2004 年在秋葉原面世的 @home cafe 正是當中最有規模的一間。

　　2005 年@home cafe 女僕更組成偶像團體「完全女僕宣言」，她們的口頭禪「好萌」在同年更獲得流行語大賞。之後@home cafe 出過幾隊組合，當中以成員志賀瞳人氣最高，2017 年她更被委任為秋葉原觀光親善大使。志賀瞳不單發明了「萌萌～啾」的招牌手勢，同時催生了長達 70 頁女僕工作的標準手冊，明文規定不能與主人有肢體接觸、不能私底下來往外，也一步步讓女僕店形象更透明和健康。正是因為她的能力高超，甚至榮升母公司「Infinia」社長長達 6 年，

同時兼在前線工作，成為了女僕咖啡店界別的傳奇人物。

　　直到今天，志賀瞳所任職的女僕咖啡店「@Home Cafe」包含她在內，總計約有 300 位服務生，每天仍然穿著「超現實」的打扮，為到訪的「主人」服務。如果想嘗試這種混合二次元世界的體驗，即管踏入女僕咖啡店親身感受吧。

専家認證
東京忍者道場面世

文：破風

　　不要以為忍者只是傳說，事實這項職業在日本真正存在過。東京第一家忍者體驗設施「東京忍者道場（NINJA Information Center Tokyo&Dojo）」在2021年7月4日（日）在淺草正式開幕，日後旅客們想體驗日本文化，不妨考慮前來此地修行一番吧。

　　動漫畫作品－「火影忍者（NARUTO）」、「忍者亂太郎」，描述過不少關於忍者的故事，箇中情節令人神往。忍者，其實泛指在日本鎌倉時代至江戶時代（約1185年到1867年）時出現的一種特殊職業，他們接受忍術訓練（即秘密行動的技術），主要從事間諜活動。忍者盛行於日本戰國時代，效力於大名，負責情報收集、刺殺等秘密任務。德川幕府時，忍者被納入正式編制後變得興盛，許多傳奇忍者如猿飛佐助、霧隱才藏、風魔小太郎、服部半藏等都是在此時代活躍，後來成為影視作品及小說題材。

　　忍者們發展出眾多流派，比較知名有三重縣伊賀忍者及滋賀縣甲賀忍者。雖然去到現代忍者消聲匿跡，但透過各級政府、大學、民間組織的跨界合作，組成世界唯一的忍者認證官方組織「忍者協議會」。正是在這個機構努力工作之下，在東京淺草開設第一家由忍

者協議會認證的忍者體驗道場，讓平民百姓都可以感受忍者生活，真真正正做到內行指戈。

來到「東京忍者道場」，大家可以穿上忍者裝，並在忍足、手裏劍、忍者冥想等相關身心靈鍛鍊中，選擇自己喜愛的項目，並有專業人士親自上陣指導，完全是獨一無二的體驗。道場裡的體驗用的都是真品，連手裏劍都是忍者用正貨，完全讓你投入其中。相關知識及課程，包括演武、忍者六大道具解說、九字切、練習手裏劍、換裝忍者服，忍足、練習手裏劍、冥想法等正式忍道修行。在眾多項目之中，最吸引莫過於隱身術、練習小太刀等忍道技術體驗，部份練習修行結束後可拿到三級認證，甚至當日穿著的忍者服裝也可以帶回家中紀念。

東京忍者道場除了體驗有趣之外，同時販賣許多難得一見的忍者周邊商品，保證可以讓粉絲玩得盡興，還能買的高興。而且此處地點方便，就在淺草寺雷門前，肯定容易出入，絕對是下次前往淺草時可以安排前往的嶄新景點。

漫畫界星二代西倉新久

文：破風

　　歌影視界別出現星二代不足為奇，沒想到日本漫畫界別都有星二代！日本漫畫界人氣夫妻檔弘兼憲史及柴門文都是才華洋溢，前者的《課長島耕作》及後者的《東京愛的故事》、《愛情白皮書》都是大受歡迎，原來二人的兒子都繼承父母衣缽，以筆名「西倉新久」出道畫漫畫，是近年業界才知道他的真正身份。

　　弘兼憲史的暢銷漫畫《課長島耕作》從 1983 年連載至今仍然未斷，島耕作已經升格為顧問，另一條線的《黃昏流星群》都是別樹一幟的作品。柴門文則是近年推出了《東京愛的故事 After 25 years》，和老讀者繼續未完的故事。

　　也許是在父母薰陶影響，二人的兒子以筆名「西倉新久」參賽，更加獲得「千葉徹彌賞 Young 部門」大獎，2016 年他以名為《HOTEL R.I.P.》的作品出道，在漫畫雜誌《Elegance EVE》連載，後來也推出單行本。

　　西倉新久描寫的故事不同於父母擅長的社會寫實與愛情內容，反而是帶有奇幻風格的內容為號召。故事是從突然遭遇死亡意外的人們為主軸，描寫人在面對死亡的心境以及對人生的反思。眾人聚集於這間死

者限定的旅館中，有機會重新整理思緒，同時透過與其他死者交流消除遺憾，早日歸天。

　　弘兼憲史說兒子的風格和夫妻不一樣，感覺很纖細。柴門文指兒子始終隱藏真實身份，因為日本漫畫界完全是以實力取勝，沒辦法靠父母光環被肯定。且看這位星二代能否堅持作畫，未來創出屬於自己的代表作吧。

《孤獨的美食家》
漫畫官網加強互動

文：破風

　　你享受美食嗎？你喜歡一個人四處尋找不為人知的小店嗎？如果以上兩個答案都是 Yes，那麼《孤獨的美食家》這套日劇或者漫畫肯定你會喜歡。最近《孤獨的美食家》推出了漫畫官方網站，如果想跟五郎叔一起打卡在東京尋幽探秘，那麼這個網站肯定要記下來了。(網址：https://kodokuno-gourmet.jp/)

　　《孤獨的美食家》，由日本漫畫家久住昌之原作、谷口治郎作畫的一部漫畫，1994 年於《月刊 PANJA》開始連載至 1996 年。《2008 年 1 月 15 日》，這套作品在週刊《SPA!》復活，於 2015 年完結刊載。電視劇則由 2012 年起開始播放，由松重豐主演。這個故事，主要是描述井之頭五郎是個從事進口雜貨販售的貿易商，在忙碌工作之後四處尋找美食，一個人在食堂大快朵頤。

　　這套日劇小休兩年之後，2021 年推出第 9 季，五郎叔松重豐講明要與各食肆共度時艱，電視劇官方網站亦在每款當場菜式的圖片上列出店舖名字，變相幫助店家宣傳。現在再加開漫畫版官方網站，除了詳細解說自 1994 年連載的《孤獨的美食家》故事、主角井之頭五郎等角色外，原作者久住昌之獨家在官網

上向 fans 們說出製作秘話及日劇漫畫之間的比較，肯定可以滿足粉絲求知慾。

為了加強網絡及現實結合，五郎叔帶隊到東京港區新開設的複合設施 TOKYO PORTCITY TAKESHIBA（東京ポートシティ竹芝），並推出聯乘「美食 Passport」，備有五郎叔食評，讓大家享受美食之餘有一種和劇中人互動的有趣感覺。

孤獨的美食家開官方網站介紹美食

https://www.japanwalker.net/hk/articles/3629

《沒有家的女孩》安達祐實】與 SUNTORY 烏龍茶同賀 40 大壽推出特別版限定商品

https://www.japanwalker.net/hk/articles/3629

《聖鬥士星矢》
真人版電影 2023 年上畫

文：破風

日本經典動漫作品《聖鬥士星矢》將推出好萊塢拍攝的真人電影版，消息一出旋即引來讀者熱議。男主角「星矢」將由本年逝世的 82 歲男星千葉真一的兒子新田真劍佑擔任，這位美籍日裔演員繼承了父親英俊外表及俐落身手，可以說這套作品未上畫已經引起話題。

除了男主角「星矢」由日本動作演員新田真劍佑擔任，其他角色皆為歐美演員，包括城戶沙織由 Madison Iseman 演出，鳳凰座一輝則是由 Diego Tinoco 扮演。Lord of the Rings'角色 Sean Bean 飾演招募星矢加入聖鬥士的導師「戶田光政」(Alman Kiddo)，暫時知道的主要角色只有這幾個，只是仍然未知道是扮演冰河、紫龍以及阿瞬哪一位角色。

據悉全片已經拍攝完畢，主要是在匈牙利攝錄，預計 2023 年春天上映。波蘭導演 Madison Iseman 在社交媒體張貼相片，是主角星矢未有穿上聖衣的模樣，先用引子吸引大家注意。由於《聖鬥士星矢》是動作電影，因此製作團隊找來 Marvel 電影《尚氣與十環幫傳奇》(Shang-Chi and the Legend of the Ten Rings) 的武指，來自「成家班」的鄭繼宗擔任，務求打出精采場面。

　　《聖鬥士星矢》是 1986 年起由漫畫家車田正美創作的作品，故事圍繞一群擁有星座之力小宇宙的聖鬥士身上，他們捍衛著轉世的女神雅典娜，並且保衛地球免受眾神入侵。對於一眾動漫讀者來說，單看真人版電影如何演繹天馬流星拳、盧山昇龍霸、鑽石星塵拳等招式，以及各款美輪美奐的聖衣已經是一大話題。另一看點，當屬故事內容圍繞哪個章節，到底會否是大熱的黃道十二宮激戰黃金聖鬥士拯救雅典娜，的確是想想已經叫人興奮。然而，動漫作品真人電影化往往好壞參半，到底是像《龍珠》那樣爛尾，還是像《銀魂》、《浪客劍心》那樣較有口碑，真的要等屆時才能分曉了。

不老童顏
安達祐實修成正果

文：破風

　　原來安達祐實已經 40 歲。這位美魔女和 SUNTORY 烏龍茶同樣步入 40 歲，最近雙方合作，推出「SUNTORY 烏龍茶 x 安達祐實『濃茶 40 年』」特備網站，並有期間限定『復刻版 SUNTORY 烏龍茶』，再次令到安達祐實成為新聞人物。由童星艷星再修成正果，安達祐實的人生簡直比起日劇故事更加戲劇化。

　　要數日本最強童星，安達祐實絕對上榜。12 歲時，安達祐實憑著日劇《無家可歸的小孩》走紅全亞洲，劇中一句經典台詞「同情我，就給我錢！(同情するなら金をくれ！)」，當年造成廣大流行及影響，為該年度民眾票選出的「流行語大賞」流行語。

　　戲劇中的安達祐實沒有家庭溫暖，現實中同樣面對問題家庭。兩歲時已經被母親寄相片去雜誌成為童星，賺到的錢要進貢父母，12 歲踏上高峰之後面對轉型困難，被母親逼迫拍攝性感寫真，為了逃離母親魔掌在 2005 年下嫁搞笑藝人井戶田潤，然後因為丈夫在出軌在 2009 年離婚，自己孕育女兒。

　　離婚重返演藝圈之後，安達佑實開始艱難的復出之路，由往昔童星主角變成路人甲。2014 年，安達佑實把心一橫主演情慾片《花宵道中》，擺脫小女孩形象變成脫星，果然從此打開新路。加上她在 14 年邂逅

攝影師桑島智輝，對方與妻子離異之後，和安達祐實組織了新的家庭誕下一子，並且透過拍攝親密影像日記《我我》展示安達祐實現實生活的面貌，令到這位女星再次找回人氣，成為廣告商寵兒。

看到今天安達祐實完美地複製童星時代拿起烏龍茶的相片，再想想這 40 年來她經歷過的人生順逆，這一口茶喝下去，真的是滋味紛陳吧。另外，安達祐實早前受訪時解開不老之謎，主要是食素多年，即使吃肉都每次限 300 克。想保持童顏的美女們，聽到這一點你又可會記下？

國家圖書館出版品預行編目資料

暢談日本 / 汶莎、安塔、和葉、破風　合著-初版-
臺中市：天空數位圖書　2022.02
面：14.8*21 公分
ISBN：978-986-5575-80-9（平裝）
1.CST：旅遊文學 2.CST：日本
731.9　　　　　　　　　　　　　111002012

書　　　　名：暢談日本
發　行　人：蔡秀美
出　版　者：天空數位圖書有限公司
作　　　者：汶莎、安塔、和葉、破風
編　　　審：非常漫活有限公司
製 作 公 司：朝霞有限公司
美 工 設 計：設計組
版 面 編 輯：採編組
出 版 日 期：2022 年 2 月（初版）
銀 行 名 稱：合作金庫銀行南台中分行
銀 行 帳 戶：天空數位圖書有限公司
銀 行 帳 號：006-1070717811498
郵 政 帳 戶：天空數位圖書有限公司
劃 撥 帳 號：22670142
定　　　價：新台幣 360 元整
電子書發明專利第 Ｉ 306564 號
※　如有缺頁、破損等請寄回更換

Family Sky

紙本書編輯印刷：
電子書編輯製作：
天空數位圖書公司 E-mail：familysky@familysky.com.tw　http://www.familysky.com.tw/
地址：40255台中市南區忠明南路787號30F國王大樓　Tel：04-22623893　Fax：04-22623863